許峰源（法羽老師）——著

內心的太陽一直都在

【目錄】

Part 1 內心的太陽讓你不懼前行，不忘初衷

Part 2 不要成爲德性上的窮人

Part 3 從人生榜樣身上找到力量

Part 4 我不完美，我還在學

〈推薦序〉

只要心中有太陽，一切都會是好的

朱水源

峰源稱呼我「老大」，我的同事也叫我老大，我的公司是保險經紀人公司，並非「堂口」，但不知道何時開始，他們如此稱呼我。是因爲年紀較長嗎？慢慢地我發現，「老大」這個稱謂是一份「責任」，是我在公司擔任領導者的一份責任。對待我的夥伴，我不斷協助他們發展事業；不僅是事業，我也在他們的生活，抑或是心靈上給予一些支持。我根本不知道爲什麼會這樣做，卻很自然地認爲：這樣做就對了！

人生的歷練過程，絕非順遂，尤其是人與人之間，甚至帶領組織的過程，肯定是一路顛簸地成長。當然，隨著時間過去，慢慢發現遇到的人、事變多了，並且從中協助了非常多的人、處理了非常多的事，最後讓自己往「老大」的方向發展。

過去在做業務的過程中，我常常運用自己的技巧與客戶交往，讓自己變得有些做作或虛僞，這好像是社會中的常態。有一天我發現，這樣的常態並不會讓自己感到快樂，雖然在金錢上獲得相當程度的滿足，卻好像要時常面對一種無形的壓力，而且那種快樂是非常短暫的，如同花錢買了一個喜愛的東西一樣，快樂只在購得的當下產生，並非持續性。於是我開始很認眞地思考：到底保險的行銷工作是要獲得什麼樣的目的？

當心靈上的不快樂大於收入時，人就會做出一些「平衡」的判斷，於是我做了一個別人認爲不可思議的決定：離開在一家知名保險公司做得非常成功的營業處經理位子。在我做出這個決定後，才讓自己找到眞實的工作責任。原來保險這個產業能夠幫助社會的功能是無限大的，我應該做一個讓自己這一輩子不會產生遺憾的決定。雖然少了金錢與舒適的環境，卻讓我找到身而爲人的初衷，也就是往對的方向走，而這個決定就是跟著自己內心世界的感覺去走。

峰源出現在我剛開始創業的時候，我們一起創業成長。他對保險法律的專業度非常高，且謙卑地努力學習，很快就在業界闖出了名堂。有一天，他告訴我說他不喜歡訴訟，決定當一個作家、一個演說家，將自己的想法分享給大眾。這個決定是否也是照著他最單純的內心世界去發展的呢？

這本《內心的太陽一直都在》是他的第五本書了。十年的過程中，我發現他一直細膩地在觀察每一個人，想著每一個人的苦、想著每一個人的樂，去分析、去判斷。最重要的是，他能夠用「心」正面地去理解，並幫助這些人解決問題。也許這就是他的人生，這就是他所謂「做一個簡單的好人」，在這樣的驅動力之下，確定了他內心世界的太陽，而這個太陽永遠存在。

內心的太陽一直在，慢慢地去印證這十年與峰源老師的對話，細細地品嘗太陽的熱度，看到最真、最原始的人性演繹，那就是一股向善、向上的力量。這個力量不用學習、不用努力，只要回到人的初心，因爲這本來就是應該做的事，就是做人最簡單的事。只要心中有太陽，一切發生的事情都會是好的。

（本文作者爲正遠保險經紀人董事長）

〈作者序〉

內心的太陽你我都有，一直都在

今年是我從律師轉型爲作家的第十年，這本書是我在這十年內出版的第五本書。

眞心感謝你在數以萬計的書中，願意將你手上的這本書翻開。我一直相信，這不是沒有意義的偶然，而是我們彼此間有著難得的、必然的緣分。

基於這難得的緣分，我想跟你分享一個小故事。

前幾個月，我在臉書粉絲團收到桃園啓英高中楊佳晃老師的信。

在信中他提到，他是我多年的忠實讀者，今年他擔任高二升高三的導師，全班的孩子也都是我的讀者。這些孩子準備升上高三，要衝刺一年，爲自己未來的大學打拚，很希望我可以錄製三十秒到一分鐘的小影片給他們鼓勵。

這封信寫得很長、很眞誠，細細道來我每一本著作帶給他及他所教的孩子什麼樣的啓發與影響。

仔細讀完後，我很感動，內心浮現了一個隱微的、好的起心動念：我決定不錄製一小段鼓勵孩子的影片，而是直接衝到啓英高中資處二戊班，給所有師生一個大驚喜。

佳晃老師收到我的回信後，很驚訝；在得知我不收取任何費用時，更愣住了好幾秒，說不出話。

我只是很平靜地跟佳晃老師說，我只是做我內心覺得應該做的事。

記得那天臺北、桃園都下著暴雷雨，雖然佳晃老師親自到高鐵站接我，我們兩個還撐著傘，但從停車場走到教室的路上，全身及鞋子都濕了。

當我走上二樓，遠遠就聽到教室內的所有學生用極爲驚人的尖叫聲歡迎我。讓我感到更驚喜的是，教室的黑板上畫滿了我所有的著作、講過的話，還有以漫畫造型呈現的我，手裡還帥氣地拿著羽球拍。

其實，當時學校已經放學，這些孩子全都自願留下來，沒有搭校車離開。這意味著，講座結束後，他們就要花更多的時間輾轉搭公車，才能回到自己的家。

也許，很多人認爲高中孩子可能聽不了多久的分享，但資處二戊班的孩子們足足一口氣聽了我分享兩個半小時，非常專注、非常安靜、非常有力量。

在分享的過程中，我問了孩子們一個問題：「大家知道爲什麼老師今天會願意來到啓英高中，來到我們資處二戊班，既沒有收取費用，對象也只有你們四十位孩子？如果你們是我，會願意大老遠從臺北專程跑這一趟嗎？」

孩子們突然被這麼一問，陷入沉思⋯⋯

我告訴他們，一個眞正強大的人，是一個能夠超越金錢與地位，去做內心覺得應該做的事的人。

接著我問他們：「如果你們在回家的大馬路上，看到一個三、四歲的小女孩，沒有爸爸媽媽在旁邊，自己一個人騎著小三輪車往大馬路去。眼見前面的砂石車直衝衝開過來，你們會怎麼做？會站在旁邊袖手旁觀呢，還是衝出去把小女孩抱回來？」

孩子們回答說，會衝出去把小女孩抱回來。

我又問道：「那你們可以回答我，爲什麼你們會衝出去把小女孩抱回來嗎？

是因爲她的爸爸媽媽會包紅包感謝你，還是明天報紙頭條會刊登你的善行？」

孩子們回答，不是。

如果不是爲了金錢，也不是爲了出名，那又是爲了什麼呢？

孩子們又陷入沉思，內心好像知道些什麼，卻又說不太出來。

我告訴他們，答案就是，沒有爲什麼。原來，沒有答案，就是答案。

因爲，我們之所以這麼做，不是爲了錢，也不是爲了名，而是因爲**我們每個人內心深處都有著一顆充滿向善驅動力量的太陽**。

我們只是做了內心覺得應該做的事。

當火災發生時，火場的出口，就是消防弟兄的入口。他們要衝進火場前，會不會感受到恐懼的情緒？會不會有一絲想要逃避的情緒？

會的，都會的。他們既會感受到恐懼，想到家人也會有想要逃避的念頭，但，他們依舊超越所有負面情緒，勇敢地衝進火場救人。因爲他們知道，危險的火場裡面有人需要他們去救，如果他們猶豫了、逃避了，裡面的人就會死，而接受過多年專業訓練的自己無法見死不救。

當消防隊員眞的冒著生命危險將火場裡的人救出來，記者訪問他們時，他們往往只是簡單地回答：「沒什麼，這只是我們應該做的事。」

消防隊員超越自我的大勇氣，來自他們做了內心覺得應該做的事。

我問孩子們，有沒有想過，爲什麼陳樹菊阿嬤可以做出如此不平凡的慷慨？是因爲可以賣更多菜、賺更多錢嗎？還是因爲可以出名？

我相信都不是的，我相信如果讓沒有念過什麼書的陳樹菊阿嬤回答，她可能只會簡單、靦腆地說：「我沒那麼了不起，這只是我覺得應該做的事。」

陳樹菊阿嬤超越自我的大慈悲力，來自她做了內心覺得應該做的事。

我們每個人內心都有著一顆充滿向善力量的太陽，無論金錢、地位、學歷或能力，你我都有的，一直都在的。

內心的太陽會提示我們、暗示我們、驅動我們去做內心覺得應該做的事。

無數讀者的回饋告訴我，我的生命故事深深感動了他們，讓他們產生深刻的共鳴，對他們有很大的影響。但其實，我是一個很平凡的人，只是在成長過程經歷的生命責任中，我沒有選擇逃避。雖然承受著超越常人的壓力、恐懼情緒，我依舊承擔並履行了一個又一個生命責任，走到今天，成爲今天的我。

我的成長、成就、蛻變與轉化，甚至是我內心所有力量的根源，就是我一直專注做內心覺得應該做的事情。

一天天的累積、一年年的堆疊，我完成了數百場的演講、寫了數十萬字的文章。我一直走在自我命定的人生正途上，這讓我內心的太陽逐漸顯露。縱使負面情緒的烏雲遮蔽，但我從不失去盼望，因爲我知道太陽一直都在；再大的逆境、低潮與挑戰，都是一時的，最後的結局一定是好的，因爲太陽一直都在。

我問那些孩子：「你們覺得自己是個成熟的人嗎？你們覺得什麼樣的人，才是一個眞正成熟的人？好手好腳、會跑會跳、會講會吵，就是一個成熟的人嗎？還是自己會穿衣服、吃飯、洗澡、逛街，就是一個成熟的人？

「一個眞正成熟的人，是一個願意在自己肩膀上承擔超越自我責任的人，是一個能夠勇敢去做內心深處覺得應該做的事的人。

「就像你們的父母親，也許只是平凡的水果攤販、水泥工或清潔工，但只要他們用自己大半的珍貴生命去養育你們，沒有逃避，而是勇敢地承擔、履行命中注定的責任，去做內心覺得應該做的事，把你們扶養長大，在我認爲，他們就是一個成熟的人，就是一個眞正成功的人。」

我告訴他們：「今天你們願意好好坐在下面聽我分享，把我說的話聽進心裡，並對你們的生命產生正向影響，哪怕只有一句話，這代表我們彼此有著很難得的好緣分，代表從今天起，我們彼此的生命有了某種程度的正向連結。

「這就是我今天願意出現在這裡的原因，我只是做了我內心覺得應該做的事。當一個人能夠持續專注地做內心覺得應該做的事，他內心的太陽會逐漸顯露，他內心本質的良善潛能會逐漸綻放光芒。他將能夠承擔超越自我的生命責任，利益無數人而活著，並擁有超越時間及空間的正向影響力量。

「現在的我們只要將自己的生命視角一百八十度轉向，從自私自利轉向感恩的生命視角，去看待我們擁有的一切，內心自然會湧現一股想要回報父母與老師的責任心。高中時的我就是從這種感恩的生命視角找到爲何而戰的理由，也讓我順利考上臺大法律系。」

內心的向善驅動力量是我們每個人都有的，我有，你也有，因爲這是我們身而爲人的本質。只要我們活著的一天，這股力量就永遠不會消失，因爲太陽一直都在。

絕大多數的人之所以無法擁有那直覺的、向善的驅動力量，只是因爲一時被自私自利的負面情緒遮蔽了。然而無論烏雲再深厚，太陽一直都在的，只要我們專注做內心覺得應該做的事，就會有撥雲見日的感受；而當內心的太陽逐漸顯露時，我們的生命就會朝光明的人生正途前進與轉化。

講座結束後，隔了一個多星期，我收到一個讓我感動到眼眶泛紅的小禮物：啓英高中資處二戊班所有的孩子分別寫給我的感謝卡片。每張卡片不是隨便敷衍地寫一、兩句感謝的話，而是寫得滿滿的，每個孩子都將自己內心深處的體悟回饋給我。

孩子們感謝我讓他們明白，人的一輩子就是應該履行每一個命中注定的責任，就是應該勇敢去做內心覺得應該做的事。縱使不一定可以功成名就，但至少可以成爲一個看得起自己的人，因爲**無愧**。

這本書裡的幾十個小故事，每一篇故事都是獨立的，是我這幾年一個又一個的生命經驗與體悟。每一篇故事背後的中心思想，都直接或間接聚焦在如何專注去做內心覺得應該做的事，以及當我們持續履行後，會帶給我們的生命力量。

完。

感謝現在翻閱著這本書的你，更感謝你花了幾分鐘把這篇序文的小故事讀完。

如果你喜歡這本書，歡迎你把它帶回家；如果沒興趣，也沒關係的，我還是眞誠地感謝你願意好好讀完這篇序文的故事。

我很珍惜生命中一個又一個像這樣小小的、難得的好緣分。

我的每一天只專注做一件事，就是在每一個有緣與我相遇的人心中，留下一顆小小的慈悲力量的種子。

我只是做了內心覺得應該做的事。

Part 1
內心的太陽讓你不懼前行，
不忘初衷

做內心覺得應該做的事。

在一次朋友聚會裡，聽到一位朋友侃侃而談。他提到：「人生在世，不是求財，就是求名。人活著一輩子，就是『名利』兩個字。」

眞的是這樣嗎？

我不是認爲金錢或地位不重要，有錢有地位很好，只是有個更深層的生命疑問：人的一輩子，眞的就只能透過金錢與地位的累積，來證明自己一生的價值嗎？我們眞的只能如此嗎？

身而為人最根本的向善驅動力

我家社區附近有一條特別的三叉路，不知爲何當初會設計成這樣；更難以理解的是，這個車流量很大的三叉路口，竟然只有閃光黃燈，而沒有正常的紅綠燈。

因此，這條三叉路時常發生車禍，有時一個星期會有好幾次，特別危險。

每次經過這裡時，我都會特別小心注意，尤其是牽著兩個寶貝女兒虎妞與心心的時候。

有一天下班回家，經過這條三叉路時，竟然看見一個年約三、四歲，騎著小三輪車的小女孩，臉上帶著天真的笑容，從路旁的檳榔攤開心地騎向馬路正中間，而且竟然沒有大人在照看著她！

這時的我沒有經過思考，直覺地衝上前去，把這個小女孩連車帶人抱回安全的騎樓下。隔不到幾秒鐘，我強烈感受到背後疾駛而過的公車帶來的風力與壓力。

路旁的檳榔攤有個一邊忙著跟檳榔攤老闆聊天、一邊忙著滑手機打電動的婦人，這時才看見我抱著這個小女孩，還有她的小三輪車，既驚恐又感謝地把小女孩抱回去。

回到家後，我對整個過程還是感到害怕。要是當時我稍微想一下、稍微猶豫一下，那會發生什麼可怕的後果呢？

公車司機的駕駛視角很高，小女孩的三輪車很矮，司機看得到小女孩嗎？

除了害怕的情緒外，我內心是非常開心的，覺得自己今天做了一件很不錯的好事。這種喜悅很特別，比賺到錢、比登上報紙出名，還要高興很多很多倍。

這引起我一個很特別的疑問：剛剛我爲什麼會願意衝到馬路上把小女孩抱回來呢？

如果你是我，你會像我一樣衝出去把小女孩抱回來嗎？如果會，是爲什麼呢？

是因爲當我們做了這件事，她的父母親可能會因此給我們錢作爲回報嗎？還是因爲當我們做了這件事，新聞媒體可能會因此報導，而讓我們出名嗎？

我相信都不是。我們不是爲了錢，也不是爲了出名，而衝出去救這孩子。

那，到底是爲了什麼？

這個疑問在我內心裡盤旋很久，直到好幾天後，我找到答案了……

答案就是：沒有爲什麼。原來，沒有答案，就是答案。

我們只是做了內心覺得應該做的事。這是我們身而爲人最根本的向善驅動力量，不需要理由、不需要解釋，也無法經過思考，是一種很直覺的反應，純粹、簡單，卻充滿力量。

原來，活著一輩子，除了金錢與地位外，我們有更高的、更充滿意義的不同追求。

這樣的生命體悟，在後來看到的一則新聞中，獲得更深的正向確認。

做內心覺得應該做的事會產生強大的感染力

有一位醫師在清晨到公園運動時，遇到一個路倒的老先生。憑著專業的直覺判斷，這位醫師認爲老先生的情況很危急，如果不出手，他很可能在幾分鐘內就會死亡；如果出手，因爲情況危急，救活的把握不高，所以也有可能會爲自己惹來麻煩。

假如你是這位醫師，會怎麼選擇？

雖然這些有的沒的念頭全部在他內心瞬間湧現，但他沒有時間思考，只是強烈感受到，身爲受過專業訓練的醫師，沒辦法見死不救。

「這是我應該做的事。」他內心深處的聲音強烈地訴說著、要求著。

他出手了。

雖然過程非常驚險，老先生甚至一度心跳停止，但最終在送到醫院急救後活了過來。

醫院說明，好險有那位在公園出手急救的醫師同袍，否則，在救護車抵達前，老先生應該早已失去生命了。

後來媒體記者訪問那位出手相救的醫師，感覺不擅言詞的他只是回了一句：「這是我應該做的事。」然而，他的臉上洋溢著無以言喻的自信與喜悅。

當一個人能夠將內心覺得應該做的事付諸行動，讓自己內在想的與外在行動一致，就是一個對自己眞誠的人。在一次次實踐的過程中，他慢慢會對自己內心向善的念頭越來越敏銳，慢慢地會擁有淨化心念後、難以撼動的勇氣與自信心。這樣的人所想的、所講的、所做的，都會因爲這樣的內外一致性，而擁有一種因爲眞實而生的說服力。當他們面對巨大的艱難、挑戰、誘惑，甚至危險，依舊表現出無畏與堅定時，將會產生無遠弗屆、不可思議、可怕的感染力量。

歷史上所有偉大的人物都具有類似的人格特質，例如聖雄甘地、林肯、金恩博士、德蕾莎修女、耶穌、佛陀等。

爲什麼做內心覺得應該做的事，會產生這麼強大的感染力量？

原因很簡單，因爲**這樣的內心向善驅動力量是我們每個人都有的，無論有錢沒**

錢、學歷或地位高低，你我都有的。

就像看到那個騎到路中央的小女孩，我們都不會忍心站在一旁，目睹她受到傷害；我們都會直覺地伸出援手，把她抱回來。這是我們每個人內心都擁有的、不需要解釋、說不出原因的向善力量。

既然向善的力量是我們身而爲人共通的特質，自然就會互相感應、互相靠近、互相幫助。

所以，當一個人能夠對自己的心徹底眞誠，甚至一輩子都專注在做內心覺得應該做的事時，就會擁有強大的正向感染力，能夠喚醒、驅動無數人內心深處同樣的向善力量，並共同伸出援手，完成不可思議的大好事。

在困惑、迷惘時，請回去尋找初衷

我第四本著作的書名是「做一個簡單的好人」，很多讀者剛開始無法理解：什麼是做一個簡單的好人？

一個眞正的簡單的好人，其實一點都不簡單。透過無數次實踐內心覺得應該做的事，他會逐漸讓內心的太陽顯露，穿透自私自利烏雲層層的遮蔽，直覺地、簡單地、無礙地做內心覺得應該做的事。

簡單講，一個眞正的簡單的好人，是一個對自己的心徹底眞誠的人，是一個能夠將內心向善的力量發揮到極致的人，所以能夠感染、影響無數人，因爲他夠簡單、夠善良。

在越來越複雜的世界裡，簡單是超越複雜思考後的自信與智慧；在負面能量充斥的環境裡，善良的光能照破一切自私自利的黑暗。

只要我們願意停下每日重複而匆忙的腳步，靜下心來慢慢省思：目前拚了命追求的一切，眞的是我們想要的人生嗎？除了金錢與地位以外，我們的生命有沒有更高的可能性？

當初我們踏入某個行業的初衷，或者曾對自己承諾過的誓言，那個最初始的、向善的驅動力量，還在嗎？

這讓我想起每一位醫師正式開始行醫救人前，都曾宣誓過的「希波克拉底醫師誓詞」：

准許我進入醫業時：

我鄭重地保證自己要奉獻一切為人類服務；
我將對我的師長崇敬與感戴；
我將用我的良心和尊嚴從事醫業；
病人的健康應為我的首要顧念；
我將尊重所寄託予我的祕密；
我將盡我的力量維護醫業的榮譽和高尚的傳統；
我的同業應視為我的同袍；
我將不容許有任何宗教、國籍、種族、政治或地位的考慮介入我的職責和病人間；
我對人類的生命，自受胎時起，始終寄予最高的尊敬；
即使在威脅之下，我將不運用我的醫學知識去違反人道。
我鄭重地、自主地以我的人格宣誓以上的誓言。

當我們感到困惑、迷失方向、筋疲力盡時，都必須回去找到最初始的初衷或誓言，因爲這些初衷或誓言是從我們內心善良的太陽所產生的向善力量，未受到自私自利、功利思考的汙染，是我們最初始力量的根源，更是我們爲何而戰的理由。

試著讓自己的生命節奏慢下來，慢慢地去感受內心向善力量的指引，去實踐心裡覺得應該做的事，就能慢慢找回與內心善良的太陽本有的、深刻的、穩固的連結。這樣一來，我們也就找到了自我的生命歸屬與人生正途，找到了源源不絕的力量根源。

無論烏雲再深厚，太陽一直都在，只要眞心相信，終有撥雲見日的一天，既能照破自我內心的黑暗，也能照耀、溫暖無數需要我們的人。

每天叫我起床的，不是夢想，是責任。

每天叫我起床的，不是鬧鐘，而是夢想！

這句心靈雞湯，相信很多人都聽過，但我很好奇，聽到這句話後，除了當下覺得好像很有道理、很振奮人心外，我們的人生有什麼樣具體的改變嗎？

夢想vs.責任

我老婆以前是臺大醫院口腔外科的醫師。口腔外科處理很多關於口腔的手術，比較爲大家熟知的，就是口腔癌的手術。

外科醫師的工作是非常辛苦的，尤其是口腔癌手術，往往早上八點鐘進去手術室，手術結束出來已經是晚上八、九點了，一開就是十幾個小時的刀。

手術結束後，醫師還有很多後續的工作要做，包含巡視病房、門診、值班等。

過勞已經不足以形容醫師工作的辛苦，或許爆肝稍微貼切一點。

我老婆以前身上都會帶著一個很舊款的 BB Call 呼叫器，必須隨身攜帶，寸步不離。無論我們正在約會吃飯，或者在電影院看電影，只要呼叫器一響，她都必須以最短、最迅速的時間趕回醫院，因爲這通呼叫代表醫院的病人出現危急的狀況，而現場的醫師已經處理不來，需要向資深的學長姊，甚至是主治醫師求救。

讓我印象深刻的是，即使在寒冷的冬夜，無論睡得再舒服、再熟，只要呼叫器一響，我老婆就會以幾乎是反射、不加思索的速度，從床上跳起來，然後如閃電般換好衣服衝出門，趕回醫院。

其實，這樣的景象不只出現在我老婆身上，幾乎所有醫護人員都有類似的工作態度與精神，而這也是我一直以來非常敬重醫護人員的理由所在。

我們可以好好思考一下，每天叫這些醫師起床的是什麼？他們在半夜可以毫不眷戀溫暖的被窩、趕回醫院去的理由是什麼？

是那個充滿浪漫意味、愉悅快樂的夢想嗎？

不是的。

是因爲他們知道，醫院裡有病人的情況很危急，甚至可能要死了，這是他們的專業與職責所在，所以必須立刻、馬上、不容置疑地用最快的速度趕回醫院救人。

責任，是他們內心真正的驅動力量。

夢想往往指的是活在這個世界上可以去做自己喜歡、熱愛做的事情，但所謂的責任，往往沒有喜歡或不喜歡，只有應該或不應該。

責任，就是我們**現在這個當下應該做的事**。

認眞體會一下，並嚴肅地問自己，能夠在半夜凌晨叫我們起床的力量，是什麼？

不會是夢想的，因爲沒有夢想，日子還是一樣可以過；講白一點，夢想，沒有也不會死。

但，責任，不一樣。如果我們不去做，可能立刻、馬上就會有人受到影響，甚至是傷害。

就像半夜被 Call 回醫院的醫師。沒有人喜歡半夜凌晨被叫醒，然而哪怕外面下著狂風暴雨，他們就是得去，基於醫師的誓言及專業職責，他們責無旁貸，沒有逃避與退縮的可能性。

所以，**真正能夠叫我們起床的力量，不是夢想，而是責任。**

將責任帶來的壓力轉為正向驅動力

責任的本質跟喜不喜歡、想不想要無關，甚至，伴隨責任而來的也不是令我們情緒愉悅的快樂，而是壓力。

幾乎每個人一聽到責任，內心就會有一股反感的情緒，更討厭必然伴隨其中的壓力。

人都想要追求輕鬆、愉快的工作與生活，不想要承擔責任、承受壓力，甚至很多人認爲，活著就是要追求快樂的人生。

然而，如果你以追求快樂的人生作爲每天努力的理由，相信我，很快地，你就會感受到挫敗及失望，因爲所謂的快樂，本質上是很脆弱、無常的。

生活中絕大多數事情的現實面，尤其是出社會後的工作、職業、創業，都沒有我們想像的快樂，絕大部分的時間是枯燥乏味，充滿煎熬、痛苦與挑戰的壓力。如果沒有足夠的爲何而戰的理由、沒有發自內心說服自己的理由，我們肯定是撐不久的。

換句話說，在我們整個生命的歷程中，壓力是無所不在的，逃，肯定是逃不了；躲，也是躲不過的。

然而，將壓力視爲全然負面的看法是狹隘的，有智慧的人會將壓力轉化爲正向驅動力量。

當我們承受著某種可以利益他人、奉獻社會的責任時，也會感受到壓力。就像醫師在爲生命危急的病患進行手術、消防弟兄不顧自身生命安危衝入火場救人、警察荷槍實彈救出被綁架的孩子時，沒有人是輕鬆、愉悅、快樂的，都是承受著非常人可以想像的巨大壓力。

但他們爲什麼願意？

因爲他們知道自己肩膀上承擔的責任，知道自己的付出可以救人，可以爲社會做出貢獻，讓自己的生命充滿超越自我的正向意義；簡單講，他們找到發自內心爲何而戰的理由，一個甚至在關鍵時刻讓他們願意犧牲自身生命的理由。

這時候的壓力就不再是單純的負面情緒，而是可以讓腎上腺素大量分泌，激發所有潛能、挺過艱難時刻的正向驅動力量。

責任，一定跟別人或很多人有關，如果我們逃避、放棄，會有很多人受到影響，這讓我們知道自己絕對不能放棄。責任讓我們擁有打死不退的勇氣、強大的抗壓力及痛苦耐受力。

最強大的人，不是做他喜歡、熱愛做的事，而是能夠做他內心覺得應該做的事。

當我們撐過一次次壓力的考驗，我們的歷練會深化，經驗與能力會因此增強，進而成長自我。就在這個承擔責任、承受壓力、成長自我的正向循環過程中，我們會變得越來越強大，逐漸能夠做到別人做不到的事情；更重要的是，我們找到了爲何而戰的理由，感受到自己的存在充滿意義，因此進入某種超越自我的生命境界，找到自己的人生正途。

因爲清楚自己每一口呼吸的力量根源，所以能夠忽略一切外在的負面干擾，能夠不畏人言、不懼挑戰，只爲自己內心的誓願奮戰。這會產生一種很獨特的感染力量，我稱之爲「願力」，而願力會吸引無數難以言喻的好緣分，連老天爺都會在關鍵時刻眷顧我們，幫助我們完成一個又一個看似毫無機會的大挑戰、大成就。

最後，我們會成爲無數人發自內心敬重的平凡卻不平凡的人物。

人活著一輩子，不是爲了追求快樂，更不可能是爲了快樂而存在。抱持想要快樂一輩子的念頭，或認爲快樂是生命本質的人，只要撞過牆、摔過跤，或者被人揍過，這些信念就會產生裂縫、崩解。

人活著一輩子，是要讓自己的生命充滿意義，讓自己在不斷學習、承擔、奉獻之中，既利益了無數人，也成長了自我。

只要隨時知道自己為何而戰，只要一步一腳印，甚至每一次呼吸都清楚明白地踏在由責任指引的人生正途上，我們就能在彷彿看不見未來的道路上，擁有專注前行的力量。

在這整個生命歷程中，我們得到的不是單純的快樂，而是超越了快樂及不快樂，是一種超越自我的平靜心境，讓我們能夠接受好的，也能接受不好的。這是一種常人無法理解、我們自己也難以言喻的感受及力量，讓我們可以無愧、自信、簡單地好好活著。

請時時刻刻檢視自己的心：就在現在這個當下，我們肩膀上承擔的責任是什麼？我們逃避了，還是承擔了？

就在現在這個當下，我們內心覺得應該做的事是什麼？

就在現在這個當下，我們內心眞正的驅動力量到底是什麼？

找到命定的人生正途，才能激發爲何而戰的力量。

因爲搭清晨第一班飛機前往大陸演講、分享，所以不到五點就要出門搭乘前往機場的計程車。

冬天的日出較晚，夜色很暗，只透出一絲接近黎明的微弱光芒。要不是因爲要搭飛機，這時的我應該還在溫暖的被窩中，舒服地睡著。

當我走出社區大門，感受到一陣冷風吹來，不自覺拉緊了脖子上的圍巾、拉高羽絨衣外套的拉鍊。記得出門前看了手機上的天氣，外面的氣溫是十三度。

然而，在社區大門口，我看到了一幕讓我感到驚奇的景象。

大約有七、八位中年大叔聚集在我們社區的大門口，彼此並未交談，只是緊盯著自己的手機，然後每個人的手指頭都不斷用力點擊自己的手機螢幕，感覺其中有幾位大叔的手指頭都快抽筋了。

這一幕引起我的好奇，我慢慢走向前，一探究竟。

原來，這群大叔是在「抓寶」。

在寒冷冬夜清晨的四點四十五分，在只有十三度的冷風中……這樣的意志力與鬥志真是令人感佩啊。

後來，好幾次出國搭飛機前的清晨，我都會看到這樣的奇景。

有一次，我還看見一位大叔脖子上用繩子掛著一個特製的托盤，就是那種一般常見的食物托盤改裝的，然後托盤裡放著三支手機，雙手手指頭同時以令人目不暇給的速度，快速來回用力點擊著手機螢幕。

我上前去與他閒聊，他竟然可以一邊跟我打屁，手指頭還能一邊持續用力點擊著，神人啊。

原來，三支手機同時抓寶，可以同時練三支的等級。但爲什麼要練三支呢？因爲在遊戲中，分爲三個不同陣營，其中一個陣營占領擂臺後，必須其他兩個不同陣營的人才能來挑戰搶回擂臺。所以，如果你只有練一個陣營，那當擂臺占領者與你是同一陣營時，你就不能來挑戰，必須等到有其他兩個陣營的人挑戰成功後，你才能進行挑戰，並贏得獎勵寶物。

但，只要你同時練三個陣營，就沒有這個問題了，可以永遠進行挑戰，甚至到後來，你根本是自己跟自己不同的手機對打而已，所以也必須要練雙手同時運用的神技。

而之所以要在半夜練功，是因爲半夜沒有人來跟你搶，因此你可以一直一直跟自己對打，然後一直一直賺到獎勵寶物。至於賺到獎勵寶物後要做什麼，這個問題有點深奧，可能要你自己有機會再去問他們了……

看到這些大叔，也讓我想起某個夏季炎熱的正中午，在臺北車站前廣場看見的一幕景象。

那天的氣象報導說，當天臺北氣溫飆破三十六度，是那一年到當時爲止最熱的一天。

我到臺北車站準備搭乘高鐵前往臺中演講，在東三門下計程車。在大太陽底下，我看見一名中年男子，直觀看去四肢健全，卻跪趴在人來人往的路邊，用著不可思議的速度快速地點頭，向來往的人乞討。

我對這位大叔的乞討行爲並沒有負面的評價，只是非常好奇地注視著他，捫心自問，在三十六度的烈日底下，我能夠持續跟他一樣的姿勢和動作多久？

突然間，我內心對他的吃苦能力與意志力湧起一股敬佩感受。

我在這些大叔身上看到的，是我們每個人眞的都有不可思議的吃苦能力、鬥志與意志力，每個人眞的都有成功的潛能，眞的，你我都有的，就看我們想要把這樣的潛能用在什麼樣的地方。當然，這也將決定我們未來一生的命運，一個由我們自己選擇的命運。

很多人批評現在的年輕人懶惰、吃不了苦，我不是很認同這樣以偏概全的看法。

每個人都想要進步、想要成功，但想要激發自己內在吃苦的潛能，就必須找到最初始的驅動力量，給自己爲何而戰的理由，也就是找到自己的人生正途。

我認爲一個人想要成功，最著急、最關鍵、最難的，不是急著努力，而是必須**找尋到自己發自內心認同的成功，也就是自己到底想要成為一個什麼樣的人**，這才是値得我們灌注一切能量的生命方向。

至於什麼是成功，我無法替你回答，你更是不要活在別人的嘴裡。這是一個很嚴肅、影響你自己一輩子的人生疑問，只有你自己才能體悟，你必須靜下來去傾聽、去感受自己的心。

轉心向內，即是出路。人生一切的疑問都來自我們自己的心，人生一切的答案也只能從我們自己的心找到。

相信你我都能認同，縱使一個人的資質再平庸，只要他願意用盡全力爲自己的人生拚搏，至少一定能夠贏得一點點小小的成就。

眞的不是每個人都能夠在有限的生命裡，完成驚天動地的豐功偉業。但我認爲，只要能夠不逃避、不畏懼地承擔和履行我們命中注定的責任，能夠踏實、堅定地走在自我的人生正途上，我們就不是虛度自己的人生，仰既不愧於天，俯也不怍於人，如此，我們就是個成功的、堂堂正正的人。

相較於很多人，我只是比較幸運，在年紀很輕時便隨順著生命的苦難及緣分，承擔、履行了一個個生命責任，也讓我清楚地知道自己想要成爲一個什麼樣的人。

我希望用一生去培養善待自己、善待他人的溫暖的心，並透過身爲作家的努力與奮鬥，運用文字及思維去幫助無數人、影響無數人，這是我終其一生毫無懸念的生命責任。

現在的每一天，我都堅持、踏實地走在我自己的人生正途上，一個字一個字地寫著，一場演講一場演講地分享著。我將自己最珍貴的生命與能量全部灌注其中，在每時每刻都能感受到自己的人生充滿意義與力量，不管別人或世俗的眼光如何評價，我的心讓我深深感受到，我是一個成功的人，一個無愧天地的男子漢。

再激烈的競爭，總有個底線。

在商場上，競爭是正常的，但就像球賽有規則，禁藥不能用，在商場上搶人、搶錢也是有規矩的，有法律上的規定，更有非法律上的潛規則，不是毫無底線。在競爭過程中，只要是靠眞本事，即使偶爾耍點小手段，大家都還是可以忍受，我們的勝利依舊是値得慶祝的。

然而，如果踰越了某種潛規則的禁忌，就像在運動比賽之中使用禁藥一樣，即使拿到奧運金牌也是沒用的。我們的勝利不會被承認，縱使賺到千金萬金，在別人心中，我們依舊是個被看不起的小人物。

每個人在一開始時，都想靠自己的眞本事，想要靠自己的努力與奮鬥賺到錢。然而，當競爭進入最白熱化、最後爭冠或贏得大筆訂單利益的階段，就是考驗一個人最赤裸眞實性格的關鍵時刻。

當我們感受到，自己努力那麼多年、付出了那麼多時間與精力，甚至犧牲了生命中許多重要的事物，真的只差一步就能登頂獲得勝利，但內心隱微預知自己可能贏不過對手……

這時，有人或我們自己想到某一種手段，一種不被接受、違反商場潛規則的手段，讓我們可以贏得勝利，我們會願意用嗎？

大多數人的直覺反應是會拒絕，因爲我們內心深處知道，這是不對的，連爲什麼是不對的都不必去想。就是這麼簡單。

但如果對方告訴我們「絕對不會被任何人發現」的方法，或者我們相信自己一定能夠瞞天過海地使出這個致命的手段，我們仍然會馬上拒絕嗎？還是會陷入猶豫呢？

就是這該死的猶豫啊！這短暫的猶豫心念，把我們推上了決定一生眞正成敗的風口浪尖。

其實，本來事情很簡單，光靠內心的直覺就能給出答案，但現在天秤的秤盤上加上了「絕對不會被任何人發現」的砝碼，一切就變得很複雜了，我們的心很容易就會偏移了。

猶豫得越久，「絕對不會被任何人發現」這個想法的吸引力就越大，最終我們會深信這個「絕對不會被任何人發現」的僥倖迷思。

然而，這世上最大的祕密，就是這世上沒有祕密。

我們期盼可以深深沉入太平洋的祕密，終究會有浮上海面、重見天日的一天，而我們的好日子也就到頭了。

透過違反潛規則的手段贏得的一切，無論我們再怎麼不擇手段去保護、去占據，都是徒勞無功的。它們崩壞的速度就像被龍捲風襲捲而過的一切，顯得破碎而虛幻。

縱使拚了命留下金錢、名車與豪宅，我們依舊失去了人心。獨自一人走在路上，對於路人的指指點點、異樣眼光都疑神疑鬼，我們將活在一種難以言喻的孤獨與恐懼之中。

或許，我們可以騙過天下人一時，但無法騙過天下人一世；更重要的是，我們終究無法騙過我們自己，自己的心。

永遠記得，再激烈的競爭，總是有個底線。不要相信「勝者爲王，敗者爲寇」這句話，因爲不擇手段的勝利，會讓別人發自內心看不起我們，無論怎麼掩蓋或忽略，我們總會隱微感受到。相信我，當那個王我們也不會快樂的，我們會覺得自己的人生從此變得像一場可笑的鬧劇。

人的一生到頭來，最大的成功是要當一個讓人發自內心敬重的人，甚至連對手都會敬重，因爲他知道我們是個靠努力、憑本事、堂堂正正競爭的人，會光明磊落地贏，也能坦坦蕩蕩地輸。

人生的路眞的永遠比我們想像的長，要能通達、順利、成功地走到最後，靠的不是一時的手段、一時的勝利，而是一輩子都經得起考驗的人格。

最終我們會體悟到，**人一生最大的一場競賽、最大的對手、最大的風險，就是我們自己，我們自己的心**。

能夠贏過天下人，是厲害的；但能夠贏過自己，尤其在誘惑、猶豫、僥倖情緒籠罩的關鍵時刻，依舊能夠做出內心覺得應該做的決定，才是眞正的強大。

輸了分數，贏了自己。

今年虎妞七歲、心心五歲了，在她們心裡，我只是一個很平凡的父親。無論我在事業上有再大的發展，我明白自己終有退休的一天；但身爲父親，我明白，自己永遠沒有退休的一天。

我永遠都謙卑地在女兒不同的生命時點學習當一個父親，因爲每一天都是全新的一天，每一天的孩子都不一樣，也都是全新的。我一直抱持著這樣的心態，去迎接陪伴孩子成長的每一天，或許歡笑，或許悲傷，或許喜悅，或許挑戰，但從不失去盼望與力量，因爲我們全家人的心是緊緊相連的。

在內心深處，我明白，「父親」這個角色才是我這一生眞正的本業。

回想當初老婆懷孕產檢時，在超音波掃描下，虎妞第一次在螢幕中呈現的心跳，那種感動至今仍難以忘懷。在陪伴老婆產檢的整個過程中，內心總帶著些許的緊張，期盼孩子能夠平安、健康地出生。當孩子順利出生時，除了祈禱老天庇佑她平安、健康長大，我自己更是下定決心，承諾盡自己所有的力量，讓女兒能夠擁有平凡簡單的幸福人生，未來成為一個對社會有貢獻的好人。

欺騙自己而來的一百分，無法給你喜悅

希望虎妞和心心能夠成為一個平凡的、願意心存善念、願意幫助別人的好人，是我始終期盼並堅持的初心。

然而，隨著孩子逐漸長大，進入幼兒園，開始學習各種才藝、識字，現在正式進入學校體系，接受正規、嚴格的學識教育，她們開始有了壓力、競爭、比較。連身為父親的我也常常無意識地被捲入這些競賽，甚至逐漸偏移、遺忘了孩子剛出生時自己的初心，彷彿只要孩子考試考得好，我就有面子，感覺自己孩子教得好，高人一等；但只要孩子考試考不好，我內心的失落甚至比孩子還大，覺得自己孩子教得很失敗，感覺很丟臉。

這種患得患失的心態，在孩子開始有了正式的段考、排名後，越來越明顯。

有一天，虎妞帶回一張段考數學考卷，上面的分數顯示她在這次考試得到

一百分滿分的好成績。但是當她拿給我簽名時，我感覺到她似乎並沒有那麼開心。

我停下了筆，很平靜地問她：「虎妞，妳怎麼了？考一百分不是很好嗎？怎麼感覺妳好像不太開心？」

「我……」女兒似乎有話想說，卻又有著些許的掙扎。

「沒關係，妳慢慢說，爸爸陪著妳。」

「爸爸，我可以問你一個問題嗎？」

「好啊，當然可以啊。」

「如果……我只是說如果喔……你雖然考試得到一百分，但是你知道老師沒有改到其中錯的一題，所以其實你應該只有九十五分，你會怎麼做？」

哇！這個問題讓我愣住了。我心裡暗想，原來不是一百分啊……

我靜靜地看著女兒，然後緩緩地將她抱進懷裡。這時，虎妞哭了起來。

過了一段時間，等我感受到她的情緒有些平復後，我慢慢地說出我想對女兒說的話：「虎妞，雖然我也很想妳能拿一百分，得到第一名，但這樣的勝利並不會帶給我們發自內心的信心，更無法在欺騙自己以後擁有發自內心的喜悅。所以，如果是我，會誠實跟老師承認自己不是一百分，而是九十五分。人生最困難的不是考一百分贏過別人，最難的是能夠誠實面對自己、戰勝自己。」

女兒靜靜地看著我，若有所思，並沒有多說什麼，我也不知道她打算怎麼做。

隔天，女兒放學回家後，給了我一個超級大的擁抱，然後非常高興地跟我說：「爸爸，我從一百分，改回九十五分了喔。雖然我不是第一名，但是老師在我的考卷上寫了一些話，稱讚我很勇敢、誠實，還有跟全班的同學說我很棒！」

我內心很感動，深深體悟到寶貝女兒雖然輸了分數，卻贏了自己。她戰勝了自己的私欲，讓內心的太陽綻放光芒，這就是她臉上燦爛笑容的能量源頭。

我們一起把這張九十五分的數學考卷好好貼在牆上，留作生命的紀念。我相信，這次的經驗對她的生命，有著深遠、正向的影響。

人的一生最大的成就，是可以看得起自己

我們每個人內心都有一個充滿善念、光明力量的太陽，而孩子就像早晨初升起的太陽，他們內心太陽的感知力很靈明，很容易感知到一件事情的善、惡、是、非。或許他們講不出什麼大道理，但他們內心的太陽知道、感受得到。

雖然，我心裡也很想當一個女兒考一百分、得第一名的父親，但我知道這件

看似不起眼的小事，卻是決定人生價值觀的關鍵時刻。

我們可以選擇屈服於私欲，爲求勝利不擇手段，讓私欲像灰塵一樣逐漸遮蔽內心的太陽；也可以選擇戰勝私欲，聽從內心太陽的指引，做出心裡覺得應該做的事，獲得源自內心太陽的光明力量。

我們內心的太陽一直都在，也一直在給予我們暗示與指引，可惜的是，絕大多數人在成長的過程中，被各種私欲給汙染、遮蔽了。他們逐漸失去善、惡、是、非的感知力，或者縱使能夠感知，卻總是敗給自己的私欲，做出自私自利的選擇。

我一直認爲，孩子最珍貴的，就是那靈明、充滿光明力量的太陽。在孩子成長的歷程中，如果可以在一次次兩難的問題面前聽從內心太陽的指引，做出超越自私自利、符合善的選擇，他內心的太陽會持續閃耀，擁有難以動搖的自信心，因爲，他能夠對自己眞誠，能夠看得起自己。

人一生的命運，是由無數的選擇所構成。所以，不用埋怨老天，老天只會向我們提出問題，而我們的選擇，才會決定自己的命運。

人的一生到頭來，最大的成就不是金錢、地位，而是能夠在獨處時面對自己的心，能夠發自內心看得起自己，因為，無愧。

人最難的，是不欺心。

每個父母親對自己的孩子都會有不同種類、程度的要求，以我們家來說，我們對孩子的要求相較於一般家庭，已經算是很輕微了。

我老婆對虎妞去學校上學，只要求三件事：第一，把水壺的水喝完；第二，字寫工整漂亮；第三，鉛筆擦布要記得帶回家。

每個孩子都有自己的「點」，雖然有些「點」眞的令大人感到匪夷所思。我老婆之所以反覆要求這三件事情，就是因爲不知爲何，我們家虎妞從上學以來，這三件事情一直都做得不太好，可能跟獅子座凡事大而化之、有些迷糊有關係。

雖然經過一年多的奮戰，虎妞已經逐漸將其中兩件事做到、做好了，但就只剩下一件事情卻總是做不好。爲了這件事情，母女倆幾乎每天都上演嘮叨與爭吵的戲碼。

你可以猜猜看，是哪一件事？

……答案是，「把水壺的水喝完」這件事做不到。很匪夷所思吧？

我問過虎妞，爲什麼在學校水總是喝不完，甚至很多時候是根本沒喝，難怪她媽會發火。

虎妞說：「因爲一下課，同學們就全力往外衝去玩，慢了，就玩少了……」

「喝個水，不就是幾秒鐘的事情，有差嗎？」

「眞的，有差！」

「……」這下換我臉色不太好了。

「好啦，我會記得喝水啦。」虎妞趕緊補上這句話。

接下來的幾天，虎妞回到家後，老婆檢查她的水壺，發現水眞的都喝光了，因爲水壺裡面都是空的。但老婆心裡一直覺得怪怪的：「虎妞眞的有乖乖把水喝完嗎？」

雖然沒有任何證據，但女人的第六感就是告訴她「可能有不對勁的地方」。於是，她帶著有些懷疑的口氣問虎妞：「妳有眞的把水喝完嗎？或者妳是把水直接倒掉？」

虎妞頓了幾秒，回答：「沒有，眞的，我眞的把水都喝光了。」

看到她的反應，我的心頭也頓了一下。連我自己也懷疑了……

這時，我沒有讓自己的懷疑情緒失去控制，只是平靜地跟虎妞分享一個小故事。

虎妞就讀的安親班與心心的幼兒園是同一家，根據幼兒園的規定，家長必須在晚上六點前接走小孩。爲了方便家長，園方多給了十五分鐘作爲緩衝，如果超過時間，就必須加收延托費用；也就是說，我們夫妻必須在晚上六點十五分之前接走兩個寶貝，否則就必須加付好幾百元的延托費用。

「虎妞，妳知道爸爸每天必須在晚上六點十五分之前接走妳跟妹妹，如果超過的話，就要被加收延托費用，那些錢至少可以買三十罐養樂多。」（很多孩子都是以養樂多當作貨幣價値單位。）

「三十罐！這麼多！」

「是啊，所以爸爸媽媽都會盡量趕在六點前就接走妳們。但有時候，工作眞的忙不完，而媽媽幫病人看診也眞的來不及結束，縱使我們用盡全力趕到幼兒園，也有可能會遲到。」

「那不就要付很多錢？」

「是啊，但爸爸今天想要問妳一個小問題。如果爸爸今天用盡全力趕到幼兒園時，幼兒園的電子時鐘顯示爲六點十六分，剛好遲到一分鐘，但假如我在簽到簿上寫六點十五分，反正只差一分鐘，應該沒有人會察覺。如果妳是我，妳會寫上六點十五分，還是六點十六分？」

「……」虎妞陷入沉默與思考。

「這眞的很難選擇耶。寫六點十六分就要付很多錢，但寫六點十五分卻又是騙人的，該怎麼辦呢？」虎妞自言自語地說著。

「爸爸，我眞的不知道該怎麼選。結果你到底是怎麼做的？」虎妞充滿好奇心地望著我。

「結果啊，爸爸還是寫下了六點十六分。」我帶著微笑回答她。

「爲什麼呢?!」虎妞滿懷驚訝，好奇地追問著我。

我告訴虎妞，當我們可以騙過別人的時候，一點都不需要感到高興，因爲，我們騙得過的人，其實都是選擇相信我們的人。

一個人縱使可以騙過全世界的人，但我知道我騙不過關帝爺公，更不可能騙得過我自己。

「……」虎妞雖然很安靜地看著我，但我可以感受到她內心有某種說不出口的體悟。

一個人最難的，並不是贏過別人，而是能夠對自己誠實，能夠在很艱難的時刻做到內心覺得應該做的事，也就是做出符合內心善念指引的選擇，亦即「不欺心」，不欺騙自己的心。

一個對自己誠實的人，一個擁有無愧心念的人，不需要浪費能量去掩飾、辯解、對抗，能夠將自己的能量專注地用在正確的生命方向上，每一天都可以是新的開始，而不需要被昨天的自欺、欺人給羈絆與禁錮。

自從那天談過之後，虎妞帶回家的水壺裡，水雖然還是沒有完全喝完，但剩下的也不多。我可以感受到她有把這件事放在心上，也可以感受到她的努力。

至於，她到底有沒有把水倒掉，這是一件無法證實的事情，眞相究竟如何並不重要。身爲父母，我們能夠做的、應該做的，只是與孩子分享正確的生命價值觀，並選擇相信孩子。畢竟他們的一生有太多時候、太多事情，我們根本看不到，也管不了，我們終究必須選擇相信他們，也只能相信他們。

讓孩子擁有正確的生命價值觀，尤其是在獨自一人的艱難時刻，能夠做出符合內心善念的選擇，能夠成為一個對自己誠實、看得起自己的人，一直是我認為最珍貴的教育信念。

超越輸贏的智慧與胸懷。

虎妞放學後，我們一起吃晚餐，她跟我分享在學校與同學相處的故事。

虎妞說，嘉欣剛學會鬥雞眼的技巧，第一個就表演給她看。她覺得超好笑，笑到眼淚都流出來了，覺得嘉欣好厲害，一直給嘉欣拍手。

接著又說，另一位同學萱瑜剛從日本東京迪士尼玩回來，第一個就跟虎妞分享她出國旅遊的心得，尤其特別提到玩「太空山」的事情。虎妞聽著太空山的刺激過程，兩眼都驚呆了，覺得萱瑜超勇敢的，而且感覺萱瑜能跟爸爸媽媽一起出國玩好開心。

還有一位男同學忠彥，雖然是男生，卻特別喜歡女生的東西，最近親手做了一個公主小皇冠，不敢給別人看，只敢偷偷給虎妞看。虎妞看完後超喜歡，一直要忠彥教她做，她覺得忠彥超強的，比她自己做的還漂亮。

虎妞跟我說：「看到他們好開心，我自己也會覺得好開心。只是，我自己好像沒有什麼特別厲害的地方。」

靜靜地聽完後，我給虎妞一個深深的擁抱，然後親吻她的額頭說：「沒錯，妳的同學都很棒，但爸爸覺得妳也超棒的喔。」

「爲什麼呢？」虎妞疑惑地笑著問我。

「妳有沒有發現，爲什麼他們剛學會一件事，或者剛從一個地方玩回來，第一個就想要跟妳分享，或者不敢跟別人分享的事情，卻只敢跟妳分享？」

「對耶！好像是這樣。那是爲什麼呢？」

「因爲我的虎妞寶貝有一個很棒的優點，就是妳很喜歡笑，會欣賞人、會稱讚人，自然大家都想要跟妳分享。」

從小到大，僵化的教育環境教導我們的就是要成爲一個很厲害的人，要在考試成績上贏過很多人，培養贏過很多人的技能或專業。當我們贏過很多人後，我們就成功了。

絕大多數人的一生都在想辦法贏，都在「贏」這個字中得到快樂，都在「輸」這個字裡承受痛苦，漫長的一生就是在輸輸贏贏之中，感受人生的震盪與起伏。

贏，可以讓我們達到某種成功的境界，但光靠一個人的贏，是有極限的，是會到頂的。想要突破，進入更高的生命境界，就需要超越輸贏的智慧與胸懷。

現在很多人都在談領導力，這是傳統學校教育，尤其是升學考試主義幾乎完全沒有教的。

領導力的本質不是考試成績，不是專業技能，不是能夠贏過多少人，而是取決於我們擁有多大的胸懷，能夠與多少人的生命產生連結，能夠贏得多少人的信任，能夠吸引多少人願意跟隨。簡單講，領導力的核心本質是一個人的人格特質，也就是一個人的心性。

所謂與人的生命產生連結，指的是能夠與多少人的生命境遇產生共鳴，一起歡喜、一起悲傷。

對他人的苦難遭遇產生悲憫的共鳴情緒並不難，因爲我們多少都有惻隱之心；但要發自內心對別人的成功、勝利，特別是那些比我們厲害的事情產生喜悅的共鳴情緒卻很難，因爲我們也多少都有嫉妒之心。

當一個人可以發自內心覺得別人很棒，對別人的快樂能夠感同身受，對別人的成功能夠衷心祝福，這是非常難得、珍貴的善良心念。這樣的善良心念會綻放光芒，讓我們超越嫉妒情緒的遮蔽，無礙地與無數人的生命產生連結。

幾乎每個孩子都喜歡跟別人分享，也喜歡聽人分享。他們看到好玩的、開心的事情，很自然就會跟別人一起感受喜悅；相對地，看到別人難過、哭泣，他們也會很自然跟著感受悲傷，甚至流淚。孩子幾乎都具有這樣珍貴的與人同喜同悲的生命連結能力，然而，功利主義、勝敗主義的教育卻逐漸遮蔽掩蓋了這難得的光明力量。

但無論烏雲多麼深厚，我們內心的太陽一直都在，只是暫時被烏雲擋住了。只要我們真心相信，並一次次提醒自己，轉心向內，關注自己的起心動念，就能逐漸讓內心的太陽再次綻放光芒，感受與無數人生命連結的光明力量。

試試看，讓自己放鬆、安靜下來，在心裡想著一個個我們在意的人，從家人、朋友、同事、陌生人，逐漸擴大範圍，甚至是那些我們不那麼喜歡的人，想著我們所知道他們正在經歷的困難，並打從心裡祝福他們能夠順利解決問題，祝福他們能夠擁有平凡簡單的幸福……

這個看似平凡的練習，只要願意嘗試，一次次練習，就會慢慢感受到一種心的放鬆，不再那麼對立、緊綳。然後，我們會慢慢地用全然不同的生命視角，去看待身邊的人事物。

此外，從今天起，請從不起眼的小事情開始練習欣賞別人的優點，稱讚別人的努力，重視每個願意與我們分享生命的人。我們眞的不用贏過每個人，而是要讓每個人能夠在我們這裡感受到同喜同悲的歸屬感、連結感。

我想跟大家分享我幾乎每天都會讓虎妞和心心念誦的一段話：

「對人好，別人也會對我好；說人好，別人也會說我好；希望人好，別人也會希望我好。」

這是我給她們一輩子與人相處的叮嚀，很簡單、很純粹。

而這段話最關鍵、也是最難的，就是要練習時時刻刻打從心裡「希望人好」。

只要能夠打從心裡希望人好，自然就會說人好，也自然就會對人好，最後，我們的命自然也會跟著好。

幫助別人，就從感謝開始。

想要幫助別人，可以從真誠、確實地**對每個幫助我們的人表達感謝**開始，無論幫的忙是大或小。

十字路口的車況一般來說是比較複雜的，縱使自己遵守紅綠燈號誌，也難保不會遇到闖紅燈的車，或是邊滑手機邊亂竄的摩托車。所以每次牽著虎妞、心心過馬路時，都必須提高警覺，注意前後左右各方向的來車，並緊緊牽著兩姊妹的手。

好在，現在越來越多駕駛人有道德自覺，看見我們夫婦牽著兩個小小孩過馬路，都會將車速放慢、停下來，禮讓我們先行通過。

這個小小的善意舉動，總是讓我們感受到溫暖。

現在虎妞跟心心也慢慢懂事了，所以我都會提醒她們，遇到好心人禮讓我們通過馬路時，要帶著微笑大聲說謝謝，或者熱情揮手致意。

虎妞已經上小三了，比較勇敢，都能大聲跟好心人說謝謝。心心雖然才大班，還小，也還是會靦腆地舉起小手揮手表達感謝。

虎妞好奇地問我，爲什麼要大聲說謝謝？

我回答說，因爲馬路上車子很多、聲音很吵鬧，所以必須大聲說，對方才會聽到，才能夠感受到我們的感謝之意。

「讓他們感受到我們的感謝之意，又能代表什麼呢？」虎妞帶著似懂非懂的表情問我。

「如果妳是那個開車禮讓我們的人，會不會希望對方眞心地跟妳說聲謝謝？」

「當然會啊！」

「那如果沒有的話呢？」

「嗯……我應該會覺得有點難過，也會有點失望吧。」

「那妳下一次遇到同樣的情況，還會很主動地願意禮讓別人嗎？」

虎妞遲疑了一會兒，回答：「應該還是會吧，只是內心會覺得怪怪的。」

「很好。」我摸摸虎妞的頭，「那我們現在換個情況。如果妳是那個開車禮讓我們的人，而對方非常熱情地向妳表達感謝，妳的心情會不會不一樣？」

「當然不一樣啊！」虎妞突然開心起來，大聲說：「如果他們眞的大聲跟我說謝謝，我會很開心啊。」

「那妳下一次還會幫助別人嗎？」

「當然會啊！因爲我會感覺到很開心啊！」

「那就對了！當我們跟司機叔叔大聲說謝謝，他們會很開心，這會帶給他們力量，讓他們願意去幫助下一個人，所以我們也算是幫助到別人喔。」

「哇！原來跟別人說謝謝，也是幫助別人的方法啊！」虎妞瞇著跟我一樣小的眼睛，燦爛地笑了起來。

當別人爲我們做了一件事，無論事情大小，哪怕只是按住電梯等我們進去，或是在斑馬線前減速停下車，讓牽著小孩的我們先過馬路，對方都希望這時候的我們可以眞心說一聲謝謝。

不要小看這句簡單的謝謝，其實一點都不簡單。

一個幫助別人的想法，從起心動念到實際付出行動，不是那麼容易的。所以，當別人願意爲我們奉獻自己的時間和精力，都不是理所當然的，是非常難得的好緣分。

如果忽略了第一時間的感恩，對方會失望、難過，換作是我們自己也會有同樣的感受。這個道理連七歲孩子都懂、都能體會。

這樣的負面經驗會帶給我們某種程度的負面影響，或許下一次再遇到有人需要幫助的情況時，我們依然會伸出援手，但很難心甘情願，畢竟我們都是平凡人，甚至或許有可能會收手，冷漠以對。

人心的冷漠與對立，往往就是從這麼微小的互動經驗累積而來的。

相反地，如果伸出援手的人在第一時間感受到我們眞心的感謝，他們心頭會暖暖的，內心會受到鼓舞，會在當下覺得自己今天做了一件還不錯的小事，會覺得自己是個好人。

這樣的正面經驗很重要，因爲這會讓人充滿力量，讓人願意主動對下一個需要幫助的人伸出援手。

人心的溫暖與連結，往往也是從這麼微小的善行聚積而成的。

不要小看自己隱微的起心動念，不要小看自己不經意的忽略，人與人之間的冷漠或溫暖、對立或連結，就取決於每個當下我們與人互動的經驗。

當我們能夠在第一時間對任何幫助我們的人表達感謝，不但可以珍惜、維繫彼此難得的好緣分、好福分，更能夠因為這簡單的一句話，鼓舞對方繼續去幫助下一個需要幫助的人。從廣闊的生命格局來講，我們甚至能夠因此幫助到無數的人。

想要幫助別人，沒有我們想像的那麼困難，也不必花錢，可以從日常生活的小事開始，從確實、即時地對人表達惜福感恩的感謝心意開始。

惜福，並不抽象，可以很具體；感恩，不只是禮貌，而是可以傳遞正面力量、幫助無數人的智慧。

放下，才能眞正地聽見。

我時常受邀演講，與各個領域的頂尖業務夥伴分享心得。幾乎每個業務員都認同，想要成交，必須能夠傾聽客戶的聲音，這是最重要的關鍵。

從傾聽客戶這個議題往下談，我總喜歡問一個問題：「你們覺得自己眞的有做到傾聽嗎？」聽眾往往不加思索地回答：「有！」

我們眞的如自己所想像的那樣，有去傾聽別人嗎？

曾經我也認爲自己很懂得傾聽，但後來我逐漸覺察，自己只是耳朵在聽，心卻沒有在聽。

很多坊間的書籍或課程都教導我們，聽客戶講話時要有豐富的回應表情、要與對方有眼神交會、要適時發出回應語句……其實，這些都只是表面功夫而已。

我問來聽演講的業務夥伴，當他們在聽客戶講話時，「自己的心裡在想什麼？是在想著自己的事情，還是心無旁騖地聽對方說話？」

絕大多數的業務夥伴只是表面上在聽客戶講話，其實心裡想的是：「客戶什麼時候說完，好讓我可以開始介紹我的商品？」

他們的內心卡了一個東西，就是他們想要銷售的商品，所以無法眞正做到所謂的傾聽。他們自己有話要說，自然無法好好聽話。

我相信，這是很多人跟業務員談話的感受經驗。

但是，反過來問問自己，我們自己眞的有在聽別人講話嗎？我們心裡是否也卡了什麼事情，或者有什麼話想說呢？

有些人與人相處時可能帶著某種目的，或者心裡想著自己的事情，這些雜念都是很正常的，並沒有對錯。但是，這些雜念會阻擋我們的心，讓我們難以做到眞正的傾聽，這是很可惜的，因爲我們可能因此錯過了與人生命連結的難得緣分。

一個人願意跟我們訴說心事，必須要敞開自己內心深處的傷痛、焦慮、恐懼，甚至是不爲人知的生命疤痕，這需要難以想像的信任與勇氣，所以我一直認爲，這是非常非常難得的緣分。

如果此時此刻，我們能夠選擇暫時放下自己那些無關緊要的事情，專注傾聽，幾乎都可以聽出對方語帶悲傷、恐懼、希望、夢想。而當對方知道我們用心聆聽，並能感同身受，就會卸下防衛，對我們敞開心房，彼此的生命就能夠很自然地、毫無阻礙地連結，帶給彼此深刻且溫暖的力量。

有緣與一個人談話時，我總是想像自己與對方身處在一個四面牆壁、地板及天花板都是純白色的空間，兩人中間擺著一張純白色的桌子，我們分別坐在一張純白色的椅子上，除此之外，別無他物。在我們談話時，全世界彷彿都消失了，只剩下我們兩個人存在，時間與空間都凝結了、暫停了。

聽著對方訴說他自己生命的點滴時，我會試著慢慢放鬆自己，放下內心的雜念，專注呼吸，感受對方的情緒。慢慢地，我的內心空掉了，他所說的一字一句都能深刻嵌入我的內心之中。甚至有時候，我彷彿已經感受不到自己的存在，彼此產生某種同頻的共鳴，這是一種進入對方生命的深刻感受。

當一個人的生命被深刻傾聽時，縱使問題沒有立刻獲得解決，但只要糾結的心被聽見、被理解、被接納，都能在某種程度上緩解負面情緒的束縛，擁有帶著挑戰、帶著傷痛繼續走下去的力量。

成為一個可以傾聽生命的人，是我們能夠帶給身旁的人最珍貴的禮物，因為我們可以帶給他們一小段心靈平靜的時刻，甚至或許因此挽救了一個被負面情緒綁架而奔向懸崖的心靈。所以，縱使只是讓他們能夠放鬆，好好睡上一覺，都是無價的。

傾聽生命無關能力，這是我們每個人都能夠做到的。只要我們願意在與每個有緣相遇的人對話時，選擇放下自己內心的期待與目的，也許剛開始不見得做得夠好，但只要有心，只要有好的起心動念，一次次地練習，我相信，我們總會進步的。

只有放下，才能真正地聽見。

當我們有緣一次次傾聽他人的生命，不只能夠帶給對方珍貴的平靜心靈，我們自己也會從與他人生命正向連結的過程中，感受到存在的價值與生命意義，感受到一股深刻且難以言喻的力量——一種讓自己內心深處的太陽顯露、照耀無數人生命的力量。

Part 2
不要成為德性上的窮人

機會越大，考驗與責任越大。

每個人都想成功，而成功需要機會，然而絕大多數的人往往忽略了伴隨機會而來的，是義務，是責任。

一個勇於要求機會的年輕人

「郭總，您好。如果有任何用得到我的地方，請隨時交代我，我一定會用盡全力完成任務。」小凡信誓旦旦說著。

郭總是保險經紀人公司的老闆，在賓士汽車維修客服中心認識了小凡。小凡腰軟、嘴甜、做事細心，給郭總留下很深刻的好印象。從第一次見面後，郭總的賓士車就由小凡負責。

因爲客戶服務的關係，小凡常常來到郭總的辦公室拜訪，泡茶聊天。時間久了，郭總也對這年輕人有更深的認識。

他很賞識小凡，邀請小凡加入他的保險經紀人公司。小凡心想，客服工作是領固定薪水，如果想要賺到更多的錢，業務工作是不錯的機會，也是很好的挑戰。於是不久後，小凡就離職，加入郭總的公司，從事保險行銷工作。

小凡秉持一如以往的拚勁，不到半年，已經把所有該考的保險證照都考到了，業務行銷的基本功也學得差不多，加上他熱誠用心的服務態度，客戶都願意信任他、給他機會，他終於在保險業「定著」了，也就是存活下來的意思。

進入保險業的第一年，小凡的收入已經超過在賓士擔任客服的薪水，不只年薪衝破百萬，第二年更獲得MDRT的榮耀（亦即百萬圓桌保險業務員，必須達到某個業績門檻，是保險界頂尖業務員的殊榮）。

小凡的努力，郭總都看在眼裡，所以後來他開口希望有機會服務更大的客戶時，郭總也願意給他機會，把一家上市公司的企業保險交給他負責。這家上市公司的李董事長是郭總的好朋友，也聽郭總提起過小凡，所以在郭總的引薦下，服務的信任關係很快就建立了。

接手的第一年，小凡認眞的服務態度也受到李董事長的認可，所以第二年的企業保險很順利地續約了。但，就在第二年快要結束、準備續約第三年時，問題發生了。

小凡突然人間蒸發了。

一般來說，保險業務是滿個人化的事業，客戶基本上都是由當初招攬的保險業務員進行相關服務，所以除非有客訴或特殊情形，業務員所屬的保險公司不見得會鉅細靡遺地知道服務過程出了什麼問題。

通常企業保險是一年一約，所以到了每年保險快到期時，保險業務員會通知公司窗口進行下一年的續保。奇怪的是，保單只剩不到一個月的時間就要到期了，小凡卻沒有到該公司告知相關續保事宜。李董事長當然不可能管到這麼細的事情，而負責保險的財務部門雖然有發現保險快到期了，但在嘗試連繫小凡幾次沒有找到人後，可能是太忙的緣故，續保這件事也就不經意被遺忘了。

而倒楣的事，都是一連串意外與巧合造成的。

就在保險到期失效後，不到兩個月，這家上市公司的一名女性內勤人員在下班途中發生嚴重車禍，有多處開放性骨折、大量失血，雖然送醫後救回一命，但右腿必須截肢。

當公司想要爲這名同仁申請團體保險理賠時，才赫然發現，原來公司早已「斷保」一個多月了。

郭總這時才接到消息，趕緊試著連繫小凡，但電話有時撥通卻沒人接，有時直接轉進語音信箱，Line 都是已讀不回，反正就是找不到人。

小凡似乎人間蒸發了……

按照原本的保險，這名女性同仁應該可以領到三百萬左右的保險金，但現在這筆錢應該由誰出？保險公司？李董的上市公司？郭總的保險經紀人公司？不過，這個案例的法律分析不是本文的重點。

後來，李董與郭總協調好，彼此各出一百五十萬，共三百萬，給這名不幸的女性員工。

至於小凡，到底去了哪裡？

其實到目前爲止，當初給小凡機會的兩個老闆還是不知道他到底在哪裡。

＊　＊　＊

香港維多利亞港附近的半島酒店裡，一個穿著時髦、戴著名表的帥氣年輕人正與一名貴婦喝著英式下午茶，桌邊擺放著一份境外保險公司的人壽保險單。從年輕人愉悅的神情看來，應該剛完成簽約……

* * *

時間又過了三年。郭總從媒體報導得知，一家註冊在開曼群島的境外保險公司倒閉了，有很多臺灣人投保。檢調深入調查後，起訴了好幾名負責仲介的保險業務員，其中赫然出現小凡的名字……

原來幾年前，就在領到MDRT獎項後不久，小凡認識了一名女性同業，第一次了解到境外保單的佣金竟然超過臺灣保單的兩倍！雖然銷售境外保單目前在臺灣還是犯罪行為，但經不起高佣金的誘惑，透過這名女性同業引介，小凡開始到香港銷售境外保單，過著忙碌往返臺灣和香港、飛來飛去的日子。

銷售境外保單是違法的，要很低調，更不可能跟保險經紀人公司的同事提起。開始從境外保單賺到一些錢後，加上忙著飛來飛去，小凡開始一一「放生」

臺灣原來的客戶，不再連繫，他不想再爲那些小錢浪費時間。

幾年的刑事訴訟程序走下來，小凡不只把之前賺的錢全付給律師及被害人，還倒欠一屁股債，因爲他把當時賺的錢，還有舉債來的錢，都跟著朋友去投資很夯的南非外幣基金，結果損失慘重。此外，之前李董公司的斷保事件也讓小凡的信用破產，找工作處處碰壁。

別只看見機會，看不見隨之而來的義務與責任

人都想要成功，且想要快一點成功，這點並沒有錯。而一個人想要成功，需要的就是機會。

這世上任何事物都是一體兩面，沒有絕對好的，也沒有絕對壞的，有好就有壞，想得到就得付出、就得承擔，這是很簡單的道理。

然而，**人們往往只看到能帶來成功的機會，卻看不見或忽略伴隨機會而來的義務與責任**。

有些人總是努力跟別人爭取機會，卻在遇到困難或有更好的機會時一走了之，留下爛攤子給別人，這是世上最快讓信用破產的方式了。

雖然他們在爭取機會時都說，絕不會這樣，一定會全力以赴，會好好珍惜機會，不負所托，這類的話相信大家都聽過不少，但結果呢？

有時候，留下爛攤子的不全是騙子，他們當初也是眞心誠意的。他們不是騙，而是懦弱，是一種遇到事情經不起考驗的懦弱逃避。

所以，不要抱怨別人不給我們機會，別人選擇信任我們的風險，很大啊！他們在提供機會前，難道不能好好觀察一下嗎？換作我們，不好好花時間觀察嗎？

講得更深入些，有時候人家不把機會給我們，對我們反而是一種保護，因爲我們沒有自以爲的本事去承擔，太早給我們機會只是揠苗助長，爲彼此帶來不可預測的風險。

機會越大，考驗越大，責任越大。不要幼稚地只看見事情的一面，不要過度放大機會的好處，我們已經長大了，要成熟一點，學著以全視角洞察每一件事情的好與壞、權利與義務；更重要的是，要鍛鍊自己甘願履行義務、勇於承擔責任，尤其是超出原先預期的義務與責任。

問題的發生很正常，本來其實沒什麼事，但越逃避，事情只會越複雜。一旦像「俗仔」一樣一走了之，就有可能讓事情演變爲不可收拾的爛攤子。

相信我，逃是逃不了的，因爲世界眞的很小，最後都會遇到的……

郭總帶著全家人到宜蘭旅遊，在風光明媚的南方澳漁港餐廳用餐。吃飯的時候，他的眼角餘光瞄到角落那一桌客人中有個有點面熟的年輕人，始終將臉別過去，遮遮掩掩，不敢看他。這引起郭總的好奇。

就在一個不經意的眼神交會中，郭總認出他了。是小凡，是那個當初他給了機會、用心提拔的年輕人，如今卻失去自信，多了些落寞與躲躲藏藏的恐懼。

郭總沒有過去拆穿他，默默吃完飯，便離開了。

炫耀帶來麻煩，也讓人陷入比較的漩渦。

這世上很多麻煩，都是我們自己惹來的。

剛出社會時，我賺了些錢就開始買表。我對車沒興趣，但對機械表有特別的熱愛。記得買了第一隻勞力士手表後，那段時期對時間特別重視，常常有意無意在人群中、聚會時，伸出長長的手臂，認眞地看時間……

買了一個很貴的精品包或一隻名表，尤其是擁有第一個的時候，我們總是希望別人可以看見，希望他們投以羨慕、崇拜的眼光，這是很正常的人性，畢竟我們也是辛苦很久才擁有的。所以，不管我們再怎麼努力，都很難掩飾內心或多或少的炫耀心理。我們嘴巴講著要謙卑、要低調，卻也低調到全世界都知道。

然而，向他人炫耀自己所擁有的，並不會得到我們原先期望的崇拜與人緣。別人很難發自內心欣賞我們，很簡單，因爲他們沒有，而**「你有我沒有」的羨慕**

很容易就會變質為不爽、嫉妒、厭惡的負面情緒，甚至轉變成對我們來說或大或小的麻煩與危險。

縱使我們自問沒有向人炫耀的念頭，但光是讓人知道我們擁有令人羨慕的東西，就足以惹禍上身了。

小女兒心心有一天穿著一雙超級可愛的長統襪，襪子上面有兩隻超可愛的貓咪——不是印在襪子上面的圖案喔，而是將兩隻貓咪的娃娃頭縫在襪子上，特可愛、特醒目。

結果，心心那天從幼兒園下課回來後，哭著跟媽媽說，下次不要再給她穿這雙襪子了！

媽媽很疑惑地問她：「爲什麼？」

原來，心心穿著一雙這麼可愛的襪子到幼兒園後，立刻吸引了所有小朋友的目光，每個人都想要過來摸一下，連安親班的大哥哥大姊姊也來摸。有的男生比較調皮，想要去拔那兩隻娃娃，好幾次都差點因爲推擠而受傷，最後搞得心心很害怕，隨時都要注意有沒有人來偷拔……

一個人擁有的鑽戒、名表、名車、豪宅，以及美豔傲人的面貌與身材，有好的一面，自然就有壞的一面。講到底，就是「麻煩」兩個字。可惜的是，絕大多數的人在炫耀、虛榮的情緒籠罩下，總是看不見麻煩的這一面。

擁有不是錯，炫耀才是麻煩的根源，暴露才是致命危險的引信。

如果每天穿金戴銀，看起來超有行情，有一天好朋友向我們開口借錢時，怎麼辦？我們如何避免無數人在背後打我們的主意？

如果每天毫不掩飾地展露傲人身材，要多性感有多性感，如何避免惹來爛桃花或危險？

或許我們會這樣想：「我擁有什麼東西、想怎麼展露身材，關別人什麼事？是他們自己沒本事擁有，有本事就靠自己賺，他們不應該嫉妒、批評，甚至傷害我。」然而，我們永遠無法控制別人怎麼想、怎麼說，更無法隨時防備別人怎麼做，如果搞到後來要隨時隨地提防別人，那就累了——累的不是別人，是我們自己。

我們能夠做的、應該做的，是反省自己、克制自己，並提醒自己：炫耀永遠只會惹禍上身。

這幾年，我把表都收起來了，因爲我發現它的存在帶給我不少麻煩。戴越貴的表，只會出現越多開口借錢的朋友，只會有更多少年得志的負面評價，而且很難不注意別人手腕上的表，很難沒有比較情緒，很難不陷入虛榮感與失落感的起伏震盪。講到底，我們的心被手腕那隻表給控制了……

現在不戴表，雙手空了，麻煩少了，心情也鬆了，至少抱兩個寶貝女兒時，手腕不再因爲厚重的表而卡住。不戴表了，也就不用再跟別人比較，可以專心欣賞別人手上的表，人緣也就變好了。而更深層的生命意義是，**褪去外在物質的箝制，我可以讓別人認識更真實的我，也讓我自己認識更真實的對方，不再被比較的情緒蒙蔽**，我的心感受到一股清新空氣般的自由。

不管承認與否，我們內心或多或少都有著隱微的炫耀念頭。這會滋長負面的比較情緒，不只束縛我們的心，也遮斷了我們與別人生命連結的可能性。

試著放下，甚至隱藏，我們才能超越膚淺的炫耀心念，才能感受更眞實的自我，才能在褪去外在物質表相的一切後，體悟到自己究竟是一個什麼樣的人，而這才是我們一輩子眞正値得擁有的。

摸了炭，你的手也會變黑。

裕福是我小時候的玩伴，比我大了幾歲。他的爸爸是水泥工人，媽媽在家裡做手工賺錢，工地如果忙，偶爾也會去幫忙，打打零工。他家有六個小孩，裕福排行老五，加上爺爺奶奶，一家十口人幾乎就靠他爸爸一個人做工的微薄薪水維生。

我們的家境都不好，爸媽不太可能有多出來的錢給我們當零用錢。所以，我們幾個好朋友常常一起到廢棄工廠或淡水河堤防附近撿拾廢紙箱、鐵鋁罐、玻璃罐等，拿去資源回收廠賣錢。

記得那時蒐集一整個上午，大約可以換到三、四十塊錢。我們會拿著換來的錢，到菜市場買一、兩斤番薯，然後到淡水河堤防的大石頭堆附近烤番薯。在等待番薯烤熟的過程中，我們就在附近抓青蛙、蝌蚪玩樂。

有一天，裕福拉著我到他家，一副神神祕祕的樣子。原來，他撿回了一隻小黑狗。

其實我小時候也想養狗，但阿爸阿母總是斷然拒絕，因爲家裡連人都養不飽了，還養狗?!裕福家的狀況跟我家是一樣的，所以他想要偷偷摸摸地養著這隻小黑狗，還給牠取了個名字，叫「黑金剛」。狗當然不是養在家裡，而是在附近找到一間廢棄工廠，固定從家裡弄些剩菜剩飯到那裡餵牠。

我們平常還喜歡到附近的大賣場逛逛，尤其是炎炎夏日，能夠到大賣場吹吹冷氣，是一大享受。

這天，只有我跟裕福兩個人來到大賣場。其實我們眞的只是來吹冷氣的，但也會裝模作樣地東逛西逛，好像在買東西，不想讓老闆或店員覺得我們只是來搗蛋的。因爲養了黑金剛，我們就在寵物用品區東看看西看看，但只能看，根本沒有錢買。不過有時候光用看的、摸的，也能稍微滿足購物的欲望，就像我們總是站在電動玩具店的機臺旁邊，看著其他小朋友玩得不亦樂乎，好像也能稍微感染到他們的喜悅。

一如以往，離開大賣場時，我們走的是無購物櫃檯出口。

回到家後，我們一起去廢棄工廠跟黑金剛玩。但，讓我驚訝的事情發生了！當我看到裕福從他的運動服褲子口袋裡拿出一個寵物骨頭玩具時，我嚇了一大跳！因爲裕福不可能買得起這個東西，何況剛剛我們根本沒有購物啊。

我立刻質問他，東西從哪裡來的？

他臉上露出有點狡詐的表情，對我說：「偷來的。」

「在剛剛的大賣場?!那爲什麼櫃檯的防盜設備沒有響？」

「因爲我趁沒人注意的時候，偷偷把上面的標籤條碼撕掉了啊。」

這時我才回想起，上個星期裕福也曾經拿狗罐頭給黑金剛吃。那時他告訴我，是親戚送給他的……

「這是你第一次在大賣場偷東西嗎？上個星期那個狗罐頭也是偷來的嗎？」

「是啊。你幹麼那麼大驚小怪？不就是偷個東西，只要不被發現就好。」

回到家後，我一直在想，如果當時經過賣場櫃檯時警鈴響起，或者裕福動手腳時就被當場逮個正著，那我呢？我該怎麼解釋？我可以說自己毫不知情嗎？人家相信嗎？如果我被抓到警察局，阿爸阿母一定會很生氣，一定會很難過、很失望吧！

後來我勸裕福不可以再偷東西了，眞的想要零用錢，我們假日可以一起去附近的印刷廠打工。等存夠了錢，就可以靠自己賺的錢買東西。

但裕福拒絕我了。他跟我說，印刷廠很熱，又很辛苦，還要工作很久才買得起……

從那天開始，我知道，或許我跟裕福還是朋友，但我必須走自己的路，這是我應該、也是必須做出的選擇。

後來，我們就逐漸疏遠了。

裕福在國二就輟學了，到宮廟跟人家搞陣頭、混幫派。我讀大學時，聽鄰居說，裕福在一次敲破車窗行竊時失手，以竊盜罪入獄了。而我最後一次聽到他的消息，是出社會之後、當律師執業時，聽說他因爲結夥強盜罪入獄服刑。

識人之明才是大本事

以前當執業律師時，承辦過一個案件。

阿正是個大學剛畢業、服完兵役的年輕人，有一天晚上跟當兵時的幾個好朋友在海產店喝酒、吃飯。吃飯的過程中，其中幾個同梯的朋友提到，有個叫阿賢的人欠了他們三萬元，從入伍前就欠到現在，都沒有還，而且態度很差勁，一副就是要賴帳的樣子。

或許是因爲大家都喝了酒，嘴裡講的都是你兄我弟的義氣，於是大夥兒決定一起去找那個白目的人要錢，討個公道。

一行六人來到阿賢家樓下，大聲叫囂。結果阿賢也不是省油的燈，拿著棒球棒下樓，跟阿正他們發生爭吵，接著所有人大打出手。一陣混戰後，阿賢當然不可能一打六，很快就被打趴在地。不過，阿賢卻躺在地上抽搐，肚子一直流出大量鮮血。看到其中幾個他所謂的兄弟手裡握著沾滿鮮血的刀，阿正愣住了……

後來，這六個人一起被以共同殺人罪起訴。

先不要問我這個案件的最終結果，請問問自己：如果我們是阿正，該怎麼辦？接下來需要耗費多少金錢與青春歲月在這場官司上？我們承受得起整個訴訟過程的心理壓力嗎？最後我們能毫無嫌疑地全身而退嗎？那天晚上我們不也動手了嗎？

木炭是黑的，摸了炭，我們的手也會變黑。炭沒有錯，我們也不需要去評價炭，但我們有變黑的心理準備嗎？

如果問我出社會最重要的能力是什麼，在我看來，專業能力不見得是最重要的，最重要的是**識人之明**。會看人，能夠從極細微的言行看出某人可能是個危險人物，這是大本事，不光是選擇朋友，談戀愛的對象選擇更是如此。

每個人活在這世上，都有自己的人生劇本。或許我們無法改變別人的人生，但我們必須爲自己的人生負責、爲自己的選擇負責，尤其是我們選擇交往的朋友。

你的心知道，「這是不對的」。

在西門町逛街時，看到一小群年輕人圍繞著幾個落單的外國觀光客，手裡不知道拿著什麼東西，彷彿正在向觀光客兜售。

看著他們語言不太通，比手畫腳，賣力地向觀光客講個不停，好奇心驅使下，我慢慢走近他們。

當我靠近那群年輕人時，發生了一件讓我匪夷所思的事情——其中一個年輕人與我眼神接觸後，嚇了一大跳，好像看到鬼！

他立刻停止兜售，拉著身旁的幾個同伴，想要快步離開現場。

對這一幕感到驚愕的我，停下了腳步，但隱約聽到那個年輕人輕聲跟同伴說：「快走，那是法羽老師，我以前補習班的老師……」

聽到這句話，我更是困惑不已。

他們到底在賣什麼？爲什麼看到熟識的老師就要趕緊逃跑？如果東西眞的那麼好，怎麼不會想賣給自己的老師呢？爲什麼要遮遮掩掩、躲躲藏藏？

這讓我想起一位大哥——全哥。

你想抬頭挺胸過日子，還是遮掩躲藏地活著？

全哥是職棒簽賭的組頭，做得很大，而這一行並不適合把「事業」往來的錢存在銀行，所以他們很習慣在身上帶著令人難以置信的現金。他們開的車的後輪胎都特別沉，因爲後車廂的載重特別重。

有一次，全哥去酒店喝酒，帶著八百七十萬的現金。當然，帶這麼多現金不犯法，只是，如果裝著現金的旅行袋中多了兩把制式九〇手槍（防身用，因爲道上兄弟都知道他們是「移動式提款機」），那就違法了。當然，這樣的案件最後一定跟全哥無關，因爲錢不是他的，槍也不是他的，他只是剛好在現場喝酒而已。這種時候，當然是當小弟的去扛……

全哥說，他雖然賺很多錢，好像很風光，其實並不快樂，尤其是參加孩子學校的家長會時，根本不知道該怎麼解釋自己的職業。孩子大了，也很難跟他們解釋自己的錢是怎麼賺來的，每次都只能「畫虎爛」（胡扯）。

而且，賺見不得光的錢，既要對警察東躲西藏，也與道上兄弟有著糾纏不清的關係，有時還得面對跑路的兄弟來「調頭寸」……總之，就是膽戰心驚地過日子，在刀口上舔血的生意，沒有一天安穩的覺可以睡。

到了現在這個年紀，想收手也收不了。以前年輕時，以爲只要拚個幾年，賺到錢就可以收手，全哥覺得那時的自己眞是太天眞了。道上有些事情不是大家想的那麼簡單，牽扯的關係與層面非常複雜。

全哥提到：「曾經有段時間，我只能靠大量、浮誇的金錢與物質來麻痺自己。那時眞的很誇張，在酒店喝酒時，跟小姐划拳，一把五萬元，桌上擺著滿滿的現金，大口大口地喝著最貴的威士忌、紅酒。每天晚上就是不斷辦趴、狂歡、吸毒，每天都在混亂、麻痺、擔心、恐懼的輪迴之中活著。但不管喝得再醉，終究有醒來的時候；而醒來之後，發現連自己都不知道自己在過著什麼樣的人生，那種空虛、看不見未來的感受，非常可怕。」

至於全哥後來的下場，我不想談，也不想講出來嚇大家，只能說，人生沒有重來的機會，在他踏上不歸路之後，就已經注定了悲慘的下場。很多人當初入行時，以爲自己的下場一定不會跟別人一樣，可以安然無事、自由自在地收手，全身而退，這只是一種不切實際的幻想。

我們有看過刺滿全身的刺青還能刮除乾淨，毫無痕跡地回到原來的樣子嗎？年紀很輕時，不會特別感受到「正大光明」四個字的深意，因爲我們本來就像一張白紙，清清白白、毫無汙點。但這時的我們沒有錢，所以對我們而言，錢是最重要的，賺大錢對我們最有吸引力，因此在這個階段，我們很容易出賣自己，去換取金錢。

我們以爲只要有錢，所有的問題都能解決，而原本平凡簡單的生活依舊會在，不會有任何改變。然而，當我們眞的踏上偷偷摸摸、遮遮掩掩、東躲西藏的不歸路，哪怕眞的賺了一些錢，這些錢也都只是所謂的「快錢」，來得快，去得也快；怎麼來，就怎麼去。我從未看過一個抱著這樣賺來的錢的人，可以安穩、舒適地睡覺，心驚膽戰、草木皆兵已經不足以形容他們心靈遭受的折磨了。

更重要的是，過去那簡單平凡的日子，再也回不去了。人事早已全非，刺青，再也不可能毫無痕跡地除去。

很多詐騙集團都是利用大量金錢或物質，甚至毒品，來吸引、麻痺年輕人。

然而，無論我們用再多的物質、毒品來麻痺自己，都難以掙脫這種心靈煎熬的囚牢，因爲縱使能夠騙盡天下人，當我們醒來時，終究會知道自己騙不了自己。我們會從內心看不起自己，因爲我們明白，自己當初能夠騙過的人，其實，都是信任我們的人。

這時我們就會深深體悟到，原來「正大光明」四個字，有著超越言語的智慧與深意。

當我們做著違法、不正當的勾當時，無論如何麻痺、欺騙自己，內心深處其實都知道這是不對的，這樣的內在感知力量一直都存在。就像那些在西門町遇到我的孩子，其實他們心裡都知道「這是不對的」，否則爲什麼要躲、要跑？

永遠不要忽略內心深處的聲音，不要用任何理由欺騙自己，更不要期望金錢及物質生活可以麻痺自己。**我們永遠都知道什麼事情是「不對的」，這是很簡單、很直覺、很真實的感受。**

正大光明，是我們內心深處的感知力量，可以決定我們一生是抬頭挺胸，在太陽底下過日子，還是只能在夜裡遮掩躲藏、苟延殘喘地活著。這一切，都取決於現在清清白白、尚未走偏，或涉入未深的我們。

失控的人生難回頭。

昆哥的父母在他很小的時候就離婚了，兩人都不想擔負起撫養的責任，所以他從小是由阿嬤撫養長大。阿嬤在他國一的時候走了，昆哥勉強讀到國二，實在念不下去，就輟學了。

離開學校後，他加入宮廟的陣頭，靠廟會陣頭活動賺生活費、零用錢；退伍後，正式加入幫會，以替幫會看場子維生，並且在這段期間跟著朋友接觸了毒品。起初，昆哥對毒品並沒有特別的興趣，既不爲了吸幾口享受飄飄欲仙的感受，也不是爲了逃避什麼不如意的事情，只是因爲在那種環境中，吸毒有時候就跟抽幾口菸、喝幾口酒、嚼幾口檳榔一樣，是種人際互動的必需品。

不管昆哥接觸毒品的起心動念是什麼，也不管他願意不願意，他終究還是染上毒癮了。一旦染上毒癮，無論是替人看場子，或是在酒店當圍事的收入，都不足以供應吸毒的開支所需。無可奈何下，昆哥也只能開始替人運毒與販毒，開啓了與所有沾染毒品的人類似的生命輪迴，也就是吸毒、運毒、販毒、被警察抓、進勒戒所、入獄、出獄、再吸毒、再運毒、再販毒、再被警察抓……

直到多次進出勒戒所、監獄之後，當時四十歲的昆哥醒了。他不想一輩子就這樣糊裡糊塗走下去，所以出獄後洗心革面，去當學徒，學了水泥工的技術，還透過仲介娶了個越南老婆，生了一個女兒、一個兒子。他每天出工都有兩千五百元左右的工資，每個月拚一點，賺個六萬多元不是問題。

但後來，昆哥又因爲經不起朋友的誘惑，吸食了安非他命遭逮，又關進去了。老婆很失望，便帶著三歲的女兒跟一歲多的兒子回越南了。

再次出獄後，昆哥很失意，請之前的老闆再給他一次機會，再三承諾一定會改過自新。老闆考慮很久後，還是同情他，願意再給他最後一次機會，讓他回來上工。

這段期間，昆哥很認眞工作，也不斷嘗試連繫在越南的老婆，希望她帶女兒與兒子回臺灣團圓，讓一家人重新開始。但是，他老婆斬釘截鐵地說：「不可能！」

某天上午，昆哥的老闆打電話跟我說，那天工地沒有上工，但昆哥私自進入工地，結果不知道爲什麼倒臥在一樓間的混凝土沙堆上，送到醫院急救無效，走了。

工地現場的地上滿是酒瓶，還有幾支針頭……

昆哥只是一個小人物，死了，這世界沒有任何改變，也沒人知道。他的一生有些失敗，有些悲哀。

我始終相信，他是眞心想要改變，眞心愛著老婆及孩子，但生命中有些事一旦失控，就很難回頭了。

毒品，就是最具破壞力的失控因子。

第一次嘗試毒品時，人們總認爲自己可以控制它，絕不會像其他白痴一樣上癮，然而，無數的經驗證明，最後我們還是會上癮。我們終究成了那個白痴，毫無抵抗力地讓毒品控制自己，接管了自己的生活，徹底讓人生失控。

其實，在選擇吸第一口時，我們命運的結局早已注定。

昆哥的老婆後來還是趕回臺灣，替他收了屍，辦了簡單的喪禮。她說自己不是鐵石心腸，畢竟昆哥是兩個孩子的爸爸。她知道昆哥是愛他們的，但她總得爲兩個孩子打算。回到越南，她打零工再苦，也能活下去，不管如何，絕不能讓孩子步上爸爸的不歸路，這是救孩子唯一的方法。

昆哥的老闆告訴我，昆哥被抓進去關時，他老婆只能靠擺路邊攤賣水煮玉米維生，背上背著小的，手裡牽著大的，賺取微薄的銅板收入養育兩個孩子，等昆哥出獄。但那些毒販子不斷上門討債，說昆哥爲了購買毒品簽下本票，要他老婆負責，但那些錢哪是她一個女人家還得起的？不還，他們就逼得他老婆連路邊攤都不能擺。最後迫於無奈，她也只能驚慌恐懼地帶著兩個孩子逃回越南娘家。

或許我們會問，爲什麼昆哥的老婆不願意再給他一次機會？

這是眞實的社會、眞實的人生，不是在拍電影，不是每個人的人生劇本都有美好的結局。沒有人有義務給我們幸福，也沒有人有義務用自己的一生來等待我們的悔改。

講實在的，如果我們是昆哥的老婆，眞的會再給他一次機會嗎？

不要嘗試改變環境，那太難了；也不要盲目自信，認爲自己可以不受環境影響，可以永遠獨善其身，可以永遠做自己。唯一的方法，就是**讓任何可能使我們人生失控的人、事、時、地、物全部遠離，絕不讓它們跨越我們的生活界線一步，**一步都不可以。

失控的人生，眞的很難很難回頭。這世上也許有奇蹟，但要隨時自我提醒，那個僥倖的人絕對不會是自己。

幸運會帶來危險的僥倖心態。

我們的生命雖然充滿無限多種可能的選擇，但並沒有我們想像得自由，無數生命經驗產生的「印記」，對我們有著超乎想像的箝制力量。

某一天下班回家途中，在一個多線道的大十字路口，我看見一輛想要搶黃燈的摩托車正催緊油門，想要衝過十字路口。

其實我很遠就看到他了，看到路口綠燈倒數的秒數逼近，他不想等待下一個綠燈，所以想加速拚一下，衝過去。

接近十字路口時，他的車速也來到了極限，可惜還是來不及在綠燈倒數秒數結束前通過路口。紅綠燈號誌轉爲黃燈了，他還沒通過停止線；號誌轉爲紅燈，他來不及減速煞車了……

就在這邊的號誌轉爲紅燈，另一邊的號誌轉爲綠燈、那個方向的車輛開始飆速前進時，他決定闖紅燈，衝過去！

結果，在這千鈞一髮的瞬間……什麼事都沒有發生，他順利地闖了過去。

「今天的我眞是幸運啊！」腎上腺素飆升、背後一陣冷汗的他心裡這樣想著。

然而，他眞的是「幸運」嗎？

其實，這不是幸運，而是可怕的「僥倖」。

下一次再遇到類似的情境、再遇到黃燈時，他會不會因著這次的僥倖，於是又想要再衝一次？然而，下一次眞的還會這麼幸運嗎？他的生命經得起一次高速猛烈的撞擊嗎？

別把僥倖當幸運

生命中每時每刻的經驗，都會在我們內心留下一個印記，無論這個經驗是好是壞，是快樂或痛苦、幸福或傷痛。

這個印記會帶著某種程度的力量，在我們下一次遇到類似情境時，有形無形地影響我們的決定；當我們在類似情境中一再重複相同的決定時，就會慢慢形成習慣；而經年累月不斷重複的習慣，會逐漸內化到我們無意識的反射層次，成為我們性格的一部分，稱為「習性」（腦神經科學家稱之為「大腦神經迴路」）。

我們總以為自己活著的每一天，在每件事情上都有選擇的自由，但其實，我們都被自己的習慣乃至習性控制住了。而一切習慣與習性的根源，就是最初始的**印記**。

我們都是很平凡的人，不可能時時刻刻完美，偶爾也會闖個紅燈、違規左轉，甚至做一些不被世俗的完美道德標準允許的行為。我們都會犯錯，也可能會逃過相關的制裁，或者沒有如預期承受不良的後果。這時的我們從表面上看來是幸運的，但其實處於危險的境地，比犯錯的當下接受制裁或承受不良後果更危險。

因為，這樣的經驗會在我們內心留下一個可怕的僥倖心念的印記。

或許，下一次我們還是那麼「幸運」，沒有承受不良後果，但一次次的僥倖會持續強化我們內心僥倖心念的印記力量；當這股力量逐漸轉化為習慣、甚至習性時，這樣的負面驅動力會讓我們越來越大膽、越來越有恃無恐，直到我們徹底撞毀、徹底失控出事的那一天。

生命中的每一次經驗都會帶給我們一個印記，好的行為帶來好的印記，不好的行爲帶來不好的印記。這些印記本質具有的驅動力量會有形或無形、強烈或隱微地影響我們下一刻生命的選擇，乃至生命的走向，甚至是生命最後的結局。

僥倖通過某個危險而平安無事時，不要把這個狀況理解為幸運，而是要視為一個當下檢討自己的契機，慎重地告訴自己、警告自己，下一次一定不會再有這樣的好運氣了，這次就是最後一次了。

當我們能夠嚴肅地、嚴格地自我檢討，甚至帶著慚愧、懺悔的心，就有機會化解僥倖心念的印記。下一次出現類似情境時，僥倖心念的印記影響我們的力量就能減輕，甚至不再能夠影響我們，取而代之的是一種警惕的心念，讓我們在陷入錯誤前及時收手，徹底遠離危險。

覺知每個當下的生命經驗，清晰辨識生命經驗的善與惡，眞誠檢討、懺悔與改過，才能避免陷入錯誤的僥倖心態，並將黑暗的印記轉化爲光明的印記。

讓一個人窮的不只是思維，而是德性。

文通哥是一位擁有超過三十年殯葬業經驗的老闆。

這個行業多年來一直有個很好的傳統，就是願意自掏腰包替一些貧苦的往生者辦喪禮，包含提供骨灰安放的塔位，讓他們在人生最後階段能夠有尊嚴地離開。

為什麼這個行業的人通常願意做這樣的善事？因為他們相信，在殯葬業要能做得好、做得順利而成功，靠的不單是人脈或服務的口碑，更重要的是陰德。

因此多年來，文通哥幫助了許多貧苦家庭。但在提供協助的過程中，他也看到了更為深刻的人性，以及這些家族後代子孫的命運。

他跟我分享，明明都已經是免費的了，但有些接受幫助的家庭，家屬或子女對喪禮的細節還是挑三揀四，例如告別式的廳要大一點、拜飯的內容要豐富一點，連塔位都要求提供好一點的位置，底層的不要，希望能夠有視線平視的最佳位置。

文通哥說，這樣的家族的後代，幾乎注定要窮一輩子，因爲他們不值得被幫助，未來也沒有人會願意幫助他們。

反觀，有些貧苦家庭的子女不但不會挑三揀四，更願意主動協助各種大小事，並且對來幫忙念經的師姊、工作人員都極爲尊敬，總是感謝再感謝。

這些孩子雖然因爲父母的貧窮，讓他們在人生的這個階段必須接受別人的幫忙，但他們懂得感恩、有志氣，現在雖然窮，沒關係，未來一定會有出息，因爲所有人都願意幫助他們。

一場喪禮，代表一個家庭或家族某種程度的世代交替。往生者離開了，命運就由活著的子孫自己去承擔與開展。

父母的富有或貧窮雖然在某種程度上會影響子女，但我認爲並沒有絕對或決定性的影響力。父母留下很多錢的子女不一定比較有出息，父母沒有留下很多錢的子女也不一定就比較沒有出息，有錢反而可能是個災難，沒有錢則可能是種福分。

眞正決定子女未來命運的，還是父母的教育，以及子女自己本身的性格。

文通哥提到一件事，有些家族在辦理爺爺或奶奶的喪禮、晚上做七念經時，一般而言，整個家族子孫都要站著捧經文陪念，但有時會見到父母要子女不需要陪念，趕緊回去念書比較重要。

這讓文通哥感到匪夷所思。從小最疼愛這些孫子的，不就是爺爺奶奶嗎？有時疼到都變寵愛了，而辦喪禮、做七念經都只是一、兩個星期的事，念書有差這幾天嗎？這樣的決定不就是在暗示子女，幫爺爺奶奶念誦經文迴向功德，讓他們在另一個世界過得更好這件事不重要，念書比較重要？將來輪到父母自己往生時，子女是不是要比照辦理？這樣的思維實在是害慘了這些孩子。

文通哥說，父母給子女的教育會深刻影響子女的性格，懂得感恩的孩子才會有眞正的福報，這遠比考試成績重要太多了。

喪禮不是一場作戲的儀式，不論有無宗教信仰，至少我們心中深信這些儀式、念經、祈禱可以幫助往生者無病無痛地在另一個世界過得更好，而由血親子孫發自眞心所做的一切會具有更強大的無形力量，這絕非金錢堆疊的花海、供品、塔位可以比擬的。講得更深一些，這樣的無形力量影響的不只是往生者，影響最大的依舊是後代子孫自己。

若不懂得感念長輩一生養育自己的無私奉獻，這樣的人一輩子都不可能有多大的出息，這是很簡單的道理。很多人一輩子窮，不是因爲不努力，不是因爲學歷不好，而是性格導致沒有人願意幫他。一個沒有人幫助的人，再厲害，再上躥下竄、東奔西跑，成就也是有限。

一個人會富有，不只是因爲思維，更是因爲擁有注定會富有的德性；而一個人會貧窮，窮的通常也不只是思維，而是他的德性。

心才是最高境界的風水。

平常我很不喜歡到公共廁所大號，但人生總是會有那個逼不得已的時刻。

不知道你是否也跟我有類似的經驗？當我們急得憋不住，往公共廁所裡衝，準備以最快的速度解開褲子解放，但就在打開廁所門的瞬間，卻看到馬桶裡已經有一大坨完整的、臭味難聞的大便，內心瞬間有種作嘔的感受……

再怎麼逼不得已，這時我還是會關上門，趕緊打開下一間廁所的門。結果，又看到另一坨沒有完整形狀、有點稀稀的大便……

再次關上門，終於在第三間廁所裡得到了解放。

結束後，我充滿疑惑，以為是馬桶的沖水設備壞了，前面兩間廁所的大便才沒有沖掉。但是，離開廁所前我去試了一下，發現那兩間廁所的沖水設備很正常，一按沖水按鈕，大便就沖得一乾二淨了啊。難道是前面兩個人忘記把大便沖掉？

有那麼容易忘記嗎？有這麼巧合嗎？

後來，跟朋友聊起這個疑惑，我才聽說有這麼一個令人匪夷所思的迷信。

據說，因爲大便是「黃金」，也就是「財」，所以在外面的公共廁所上完大號時，要把大便原封不動保留在現場，不可以用水沖掉，這樣才能「留財」，才不會讓水把我們的黃金——也就是財——給沖掉了。

天啊！聽得我都瞠目結舌、懷疑人生了……

轉運造命，由心開始

許多人一輩子都活在數不盡的迷信之中，這些迷信非但不能幫助我們成功，更會讓我們在持續不間斷的失敗人生中，繼續緊守這些不可思議的迷信，既堅持又固執，卻也難以翻轉人生。

有時，這些迷信更會造成人際往來的障礙。想像一下，你會想跟一個在外面上廁所時總是不把大便沖掉的人做朋友嗎？他甚至到你家借廁所時也是這樣……

有些人會說「寧可信其有，不可信其無」，這句話並沒有錯，尤其是華人傳統的風水智慧，我自己也信的。

仔細觀察，有錢人家不管他們本身信仰的宗教是什麼，幾乎都信風水，無論買新房、嫁娶、喪葬，都會花大錢請風水大師來看。因爲他們明白，自己發家致富的過程多少帶有一點點運氣成分，所以期盼透過更好的風水安排，讓這樣的好運可以延續下去。

其實不只是有錢人家，只要是華人，包含你我，多少都是信風水的。然而，凡事要有「度」，也就是要相信，但不要過度、不要偏執，這樣才是正信，而不是迷信。

如果爲了讓先人有塊安葬的風水寶地，卻不擇手段從別人手上奪地，甚至害人傾家蕩產、家破人亡，這樣的「風水寶地」，還能產生正能量嗎？

如果後代子孫不務正業，吸毒嗑藥、吃喝嫖賭樣樣來，再好的風水規畫能夠避開一切災難嗎？當初的好運還能延續下去嗎？

生命是由無數有形、無形、可控制、不可控制的因素組成，是一個無法窺透、難以理解、不可分割的整體，沒有我們想像的簡單，絕不是單靠風水就可以解決所有問題。

我自己還是信風水的，例如最基本的風水講究氣場流通。如果住家或辦公室完全沒有可以讓陽光透進來或讓空氣流通的窗戶，在這樣的環境裡，我們會住得舒適、工作得順暢嗎？所以，風水還是有它的智慧的。

其實，**更深入的風水智慧講究的不只是金、木、水、火、土等物質或非物質的外在風水，更講究「人的風水」，也就是我們的所作所為、一言一行，甚至每個隱微的起心動念**。

讓那些有錢人變有錢的，不是他們現在花大錢設計來的風水，畢竟在發家致富之前，他們也沒錢搞什麼風水。他們發家致富的過程或許有些許運氣成分，但那絕非成功的唯一因素。只要靜下心來檢視自己過往的人生，他們就會體悟到，當初創業的起心動念、當初的勤奮努力、當初的堅持不放棄、當初選擇做內心覺得應該做的事的勇氣、當初期盼自己有朝一日可以回饋社會的願力，才是眞正讓他們發家致富的「人的風水」。

再好的風水只是陽光、空氣與土壤，我們最終會得到的，依舊只會是自己最初始種下去的種子。種瓜得瓜，種豆得豆，這是簡單到不能再簡單的道理，而我們的起心動念，就是這一生能否轉運造命的「心的種子」。

自己的心就是最高境界的風水，是一切轉運造命的樞紐。

Part 3
從人生榜樣身上找到力量

不言而教的智慧。

小時候，家裡的環境不是很好，只靠阿爸一個人踩著三輪車賣臭豆腐，要養活一家八口人是很不容易的。

所以，我們五個兄弟姊妹都知道阿爸與阿母的辛苦，從來不敢、也不會吵著要買什麼玩具。

但孩子畢竟是孩子，還是會有想要玩具的欲望。因此，我只能透過幫阿母跑腿買醬油、米、醋等日常用品時，阿母多給我的一點點錢，還有阿爸平常給我在學校吃飯的錢，一塊、五塊、十塊地省，存下一點點積蓄。

差不多在我念國中時，學校同學瘋狂流行玩「四驅車」。

這是一種玩具車，可以自行改裝馬達，添購輪胎、保險桿、平衡桿等配備，然後大家把改裝好的四驅車放到軌道上競速。

單買陽春的四驅車就要一百五十元，還不包含接下來要添購的馬達、充電電池、充電器、輪胎等設備。簡單講，對一個國中孩子而言，這是很花錢的遊戲，至少對我來說是傾家蕩產才玩得起的遊戲。

起初，我還經得起誘惑，不會花錢「撩下去」，只是站在軌道旁，津津有味地看著同學彼此拚鬥、吶喊。

但經過一段時間，我還是心疼地把裝在塑膠豬公撲滿裡的積蓄給挖了出來。我把自己「養」了好多年的豬公給宰了……

我開始花很多時間研究如何改裝馬達、如何選用輪胎、如何微調保險桿及平衡桿等配備。或許因爲稍有天分，很快地，我在與同學的競速中取得優勢，大家紛紛向我請教如何用這麼低的成本改裝出這麼快速的四驅車。

同學的崇拜與讚賞讓我更加投入，不只花了更多錢，也花了更多時間，甚至慢慢侵蝕到我日常讀書的時間。

還好，阿爸與阿母因爲沒有念過書，從小到大，他們從未管過、盯過我的功課，我幾乎都是自主管理，所以他們也沒有發現什麼異樣。

雖然因爲著迷於四驅車，有幾次小考、週考的成績受到影響，但我認爲情況還在可控的範圍，問題不大，期末考前一定可以把進度補上。

因爲家裡沒有冷氣，夏天我通常會到我家附近一所國小的圖書館讀書。著迷於四驅車後，除了背著平常要念的課本及參考書，當然還要提著我的工具箱一起去圖書館，讓我可以趁著休息時間好好玩一下。

想當然，眞正到了圖書館，我玩四驅車的「休息時間」遠遠高於坐在裡面讀書的時間。

某個接近期末考的炎熱午後，我正在圖書館門口的門廊前，拿著螺絲起子專注地改裝、微調我心愛的四驅車時，無意間抬頭看向外頭熱得冒煙的柏油路。不看還好，一看嚇了一跳，嚇得魂都快飛走了！

我看到一個熟悉的身影……

「阿爸！」

阿爸雙腳停放在臭豆腐攤三輪車的踏板上，戴著斗笠，穿著一件被汗水浸得濕透的白色汗衫，脖子上披著一條濕漉漉的灰色毛巾，靜默不語地看著我。他臉上沒有怒容，也沒有開口罵我，只是靜靜地看著我。

這一幕給我極大的震撼，羞愧、驚嚇、害怕等複雜情緒摻雜攪和在一起……

當下，我不知道該說什麼，也沒有想過要辯解，內心盈滿一種超越言語、說不出口的感受，眼睛不自覺往下看，不敢正視阿爸。

過了一小段尷尬的沉默，阿爸默默地半蹲起身，用力踩踏三輪車的踏板，逐漸消失在我的視線之外。從頭到尾，他都沒有說半句話……

當天晚上回到家後，我默默地把四驅車工具箱及所有配備全部丟到垃圾桶裡，並發誓這輩子再也不用阿爸阿母辛苦賺來的任何一塊錢，去買讀書以外的任何玩具。

因爲，阿爸阿母用汗水及生命賺回來的錢，是要讓我讀書，不是讓我去玩樂的。

雖然阿爸從頭到尾都沒有責備我，甚至連一句話都沒說，但我就是知道了、感受到了、體悟到了。

這世界上最大的愛，是說不出口的；最大的傷痛，是哭不出聲音的；而最大的生命體悟，更是超越文字及言語的。

在生命中某些特別的時刻，我們內心會有種說不出口的感受。這種感受超越文字、超越言語，卻能帶給我們深度的生命轉化，也就是所謂的「悟」。

悟，帶有一種很玄妙的力量，這樣的力量會透進我們的肉體、骨髓，超越我們的大腦、思維及邏輯，隱微、深遠地觸動我們內心深處的太陽，這時不用多說什麼，甚至不用講一句話，我們的心就是知道了。這樣的力量會滲透我們所有的細胞，會確立我們的信念，會轉化我們的生命，並引領我們去做內心深處覺得應該做的事。

當我們的心知道了、感受到了、體悟到了，就不用說教了。這就是「不言而教」的智慧。

善念與善行的美好循環。

某一年的母親節，全家人回臺南幫岳母過節。從臺北搭高鐵到臺南，然後換乘臺鐵區間車到臺南火車站，再從火車站搭計程車回岳母家，一家四口的行李、禮品、母親節蛋糕等大包小包，加上小女兒心心睡著後要人抱，一路上只能用匆忙、奔波、狼狽形容。

終於抵達岳母家後，過了一段時間才發現老婆剛買的某精品品牌紀念款折疊陽傘遺留在計程車上。

還好是用 APP 叫車，可以立刻去電司機，請他將傘送回來給我們。

打電話給司機大哥時，他已經到了臺南高鐵站準備排班接客，便跟我說，只要他待會兒再載客人回市區，會想辦法專程繞過來我們家，把傘歸還。

眞是好心人啊！

當我們丟了很有價値的東西——例如手機——在計程車上時，會願意包個紅包給專程幫忙送東西回來的司機大哥嗎？

我相信很多人都會願意，因爲其實我們自己知道，司機沒有義務專程幫我們送回來，他只要在經過某個警察局時把遺失物寄放在那裡就好。但對我們來說，就得專程跑一趟可能很近、也可能很遠的警察局，算起來的時間、勞力、費用肯定更多。

不過，這個時間點有點尷尬，因爲我們已經訂好慶祝母親節的餐廳，必須出門了，無法在家裡等司機送東西回來，因此也無法當面包紅包感謝這位司機大哥。但暫時沒有更好的辦法，所以我們就先出門吃飯了。

過了幾個小時，司機大哥傳了一則訊息給我，說他已經將傘放在我們家門口的花盆旁。

回到家後，果然在花盆旁邊看到那把折疊陽傘。我們很感謝司機大哥的好心，又覺得無法包紅包給他有點不好意思，因此，我立刻在手機ＡＰＰ裡寫了顧客正向回饋意見給公司，希望公司可以表揚、鼓勵這位司機大哥的善行。

我心想，這件事情也就這麼過去了。

超越自己，不要敗給內心的私欲

隔了幾天，一大早，我們全家再次拎著大包小包的行李，準備搭計程車去火車站，然後搭高鐵回臺北。

我再一次使用手機ＡＰＰ叫計程車。

人生的緣分就是這麼奇妙、就是這麼巧——我竟然叫到同一位司機大哥的計程車。

這時的我們，跟幾天前掉了東西、急著想拿回來的我們，心情是一樣的嗎？東西已經拿回來，也過了幾天了，我們想要包紅包給這位司機大哥的感恩衝動還在嗎？

或者，見到面說聲感謝就好，錢能省就省下來？

大家也許有過類似的經驗，就是別人在需要我們幫忙時，一副求爺爺告奶奶的姿態，甚至講出一堆感恩、回饋的承諾；但是當我們真的出手幫忙解決問題後，很多人往往就會裝傻，天南地北扯別的話題，當初信誓旦旦的具體承諾，只幻化成嘴上的感謝。

這是很正常的人性，不只是別人，很多時候我們自己也可能會這樣。

我們常常在需要別人幫忙時，願意付出代價或回饋給提供幫助的人；但是當問題被解決、別人幫完忙之後，當初那股感恩的情緒往往就會變淡，一種事過境遷的直覺反射。

當司機大哥來到岳母家門口、我們全家人上車後，除了我主動口頭表達感謝外，司機並沒有特別提到什麼。就這樣過了十幾分鐘，我們抵達臺南火車站，車資顯示爲一百一十元……

一路上，我內心有點掙扎。是應該講句感謝就算了——反正下了車就不會再見面了啊——還是應該具體包個紅包，履行幾天前的感恩情緒呢？雖然不願承認，但我確實就是在吝嗇、現實的念頭之間拉扯。

就在準備支付車資的那一瞬間，我決定聽從內心深處的指引，除了一百一十元的車資外，多給了兩百元的小小心意，感謝司機大哥。

他再三推辭，但最後還是笑容滿面地收下了。

那一瞬間，我感受到一種很特別的正向感受。我覺得自己再一次超越自私的念頭，做了一件對的事。

其實兩百元並不多。我不缺兩百元，司機大哥也不貪圖這兩百元，但很奇怪的是，我們心裡就是會出現這種矛盾、掙扎、猶豫的自私念頭。

在思考、猶豫著是不是要多拿兩百元給司機大哥時，我內心深處隱微感覺到「怪怪的」，覺得就這樣裝傻、混過去「怪怪的」……

這個「內心覺得怪怪的」很關鍵！

我們一定要記得，**很多事情對就是對、錯就是錯，只要覺得「怪怪的」，就一定有問題**。只要我們能夠聽從內心深處的指引，對自己的心眞誠，不添加多餘的思考、雜念，不去合理化自私自利的念頭，就能將內心直覺的好念頭無礙地付諸行動，而這樣的選擇往往才是簡單、勇敢、有智慧的，最後的結果往往也會是好的。

然而說到底，這件事從頭到尾看似跟司機大哥有關，其實，還是我們自己的事。

我們究竟是會敗給自己內心的私欲，還是能夠不受干擾地超越它們，去做內心覺得應該做的事？而這件小事的選擇，會決定我們到底是什麼樣的人。

很高興我又能夠在一件很小的事情上，超越了自己。

後來我仔細省思整個過程，發現這樣的良善互動，不只是一件小事。站在司機大哥的角度，雖然說幫忙別人不應該求回報，但希望收到某種程度的感謝或回報是很自然的人性反應，沒有對錯，我們每個人都有的。

然而，如果幫助別人後只換來對方的忽悠、裝傻、只用嘴巴感謝，我們內心會有什麼感受？下一次再遇到類似場景時，我們還會有足夠的衝動伸出援手幫助別人嗎？

我們跟司機大哥一樣，不是聖人，只是很平凡的人……

因此，**接受別人的幫助後，縱使當初的感恩情緒已消融，依舊應該超越自私的念頭，以具體行動感謝對方的幫助**。因爲感謝是爲了讓自己無愧，是爲了讓無私奉獻的人有好的感受，能夠在受到鼓勵後，未來繼續去幫助下一個可能需要幫助的人。

原來，小小的兩百元心意與鼓勵，不只是我的事，也是司機大哥的事，更是無數未來可能需要幫助的人的事。

將感恩情緒付諸行動，創造良善的循環

回到臺北後，過了幾個星期，在某個下著大雨的傍晚，由於我有行程，老婆獨自去接兩個寶貝下課。因爲是下雨天，手機叫不到計程車，只能狼狽地在路邊隨意攔車。

這次的「行李」除了三個人的晚餐、兩個孩子的書包及餐袋、淋濕透了的雨傘，還有一個裡面裝著學校英文課本、參考書、連絡簿的手提書袋。好不容易攔到車，艱苦地回到家，吃完飯、洗完澡，虎妞準備拿手提袋裡的書出來寫作業時才發現，糟了，手提袋落在計程車上忘了拿！

這次不是手機叫車，是路邊攔車，所以根本無從連絡司機，司機大哥也無法連絡我們。虎妞著急地掉下眼淚……

這麼多課本、參考書要補買，加上還要補寫很多作業，眞的很麻煩。但眼前什麼事也做不了，只能等隔天上學時再跟老師報告，另做打算。

我們夫妻可以感受到虎妞的自責，也就沒再念她了，畢竟在狼狽慌亂的下雨天，我們大人也可能會犯這種錯。因此，在安撫她的情緒後，就哄她入睡。

雖然覺得司機大哥幫忙把手提袋送回來的機率很低，但晚上十一點多睡覺前，我還是抱持一絲希望到警衛室詢問。果然，沒有計程車送遺失物回來……

隔天一早準備送孩子們出門上學、經過警衛室時，警衛大哥熱情地叫住我，交給我一袋東西，竟然就是虎妞的課本書袋！

原來，前一天半夜兩點多，那位司機大哥專程把這袋課本送回來。

警衛想要留下司機大哥的姓名、電話，好讓我們能夠跟他道謝，但他婉拒了，只是操著臺語口音笑著說：「我看裡面是課本，知道孩子明天要上學，沒有課本一定會很著急，所以趁著半夜下班要回家前，順便繞過來。這沒什麼啦，這是應該的啦。」

許多很平凡的普通人，或許書讀得不多，講不出什麼大道理，但這樣的人有時反而沒有過多複雜的心思，能夠直覺地將內心覺得應該做的事付諸行動。問他爲什麼，他也只會靦腆地說：「這是應該的。」

感謝那位不知名的司機大哥的幫忙，感謝無數曾經將內心的感恩情緒付諸行動的人，因爲你們，這世界有了無限循環的善念與善行，也幫助了無數需要幫助的人，包含你我。

從邏輯上來說，或許這次的好運跟前幾個星期與臺南司機大哥的美好互動無關，但在超越大腦思維限制的內心感受上，我深深相信這是有某種不可言喻、不可思議的隱微關連的。至少，我眞心這麼認爲。

人心的善良不會孤單，是能夠與無數人感應、相通的，而凡事總有再遇到的一天。

不平凡的慷慨。

爲什麼陳樹菊阿嬤願意將畢生的積蓄捐贈給需要的孩子？她既不是爲了賺更多的錢，也不是爲了成爲有名的人，那到底是爲了什麼？

究竟是什麼樣的動力或力量，讓她做出這麼不平凡的慷慨行爲？

我相信，你也跟我一樣好奇。

我曾經花很多時間揣摩陳樹菊阿嬤心裡各種可能的想法，但一直沒有找到答案。我還有過一股衝動，想要跑到臺東果菜市場當面向她請益。

單純的起心動念在實踐中累積成大願

二〇一〇年，我開始嘗試寫作。當初只是一個很單純的起心動念，但讓我驚喜的是，我的處女作《年輕，不打安全牌》獲得很大的迴響，後來還被新聞局選爲全國中小學優良讀物。

剛開始，我內心有的只是成名的快樂與成就感，因爲對當時的我而言，作家只是玩票性質，畢竟作家跟律師的收入差距實在太大了。

但就在我的影響力逐漸增加、無數讀者給我的正向回饋中，我慢慢感受到自己的生命故事，以及我寫下的一字一句，能夠幫助別人，影響別人的生命。

這帶給我難以言喻的正向感受，更重要的是，這樣的感受驅使我繼續寫下一個又一個生命體悟。然後隨著文字的傳播，影響力進一步擴大，帶給我更深的正向感受，就這樣啓動了一個正向循環。

直到多年後的某一天，累積多年的感受、力量，讓我做出決定我一生命運的選擇：我決定正式放棄律師事業，轉型成爲專職作家——一個運用文字與思維影響無數人、改變無數人命運的人。

做出這個決定時，我內心最深處的起心動念只是很單純地認爲：「這是我應該做的事。」

踏上作家之路，一步步走到今天，我完成了數百場演講、數十萬字的文章，影響了數以萬計的讀者；更重要的是，我終於稍微能夠感同身受陳樹菊阿嬤的起心動念了，我終於找到了答案。

我知道，如果眞有機會讓陳樹菊阿嬤回答，她可能只會說：「我覺得這沒什麼，我只是做了我認爲應該做的事。」就是這麼簡單，簡單到不可思議。

陳樹菊阿嬤在很年輕的時候，就養成了小額捐款的習慣。或許當初只是一個看似不起眼的起心動念，但是當她一次次選擇將這個念想付諸行動，並在孩子們一次次的回饋中感受到難以言喻、持久不退的喜悅，她內心的念想越來越強烈、越來越濃厚，逐漸累積轉化爲一個常人無法理解的大願。

幾十年後，她終於用畢生辛苦攢存的積蓄履行了內心這個大願，完成一個不平凡的慷慨；更重要的是，陳樹菊阿嬤完成了內心最深處的自我救贖，一種履行了內心的要求、此生無憾的解脫感受。

陳樹菊阿嬤不期望得到世俗的金錢或掌聲，她只是做了內心深處認爲應該做的事。

做內心覺得應該做的事，生命就有了意義

當我們在生命的某個當下有了一個好的起心動念，並選擇將其付諸行動時，

就履行了自己內心深處的要求，履行了內心深處認爲應該做的事。在這個瞬間，我們完成了自我生命的救贖。

這種完成自我生命救贖的感受，超越一切金錢與掌聲可以帶來的喜悅，能夠無止境地強化我們內心深處的力量，並顯化爲簡單深刻的幸福回憶，與持久不衰的信心及動力。

一個人履行了內心深處的要求，並付諸行動後，是可以無畏風雨、可以接受任何成敗結果的。因爲他的生命在選擇行動的那一瞬間已經有了意義，當下，即是救贖。

我終於明白過去的我爲什麼無法體悟陳樹菊阿嬤的感受，因爲我是用狹隘的世俗格局去理解超越世俗的偉大心靈。

這麼多年來，陳樹菊阿嬤帶給我很深的影響，一個如此平凡、生命境遇如此艱難的人，竟能完成如此不平凡的慷慨。她擁有超越一切物質表相的慈悲心靈，是我一生追隨的典範。

每當想起陳樹菊阿嬤，我相信很多人都跟我一樣，有種說不出口的感覺，內心有種感動、心疼，有種油然而生的崇敬，甚至會有鼻酸、喉頭緊縮、眼眶泛紅的感受。她的存在啓發、驅動了無數人將善念付諸行動，不需要言語、不需要作秀，她的存在本身，就是力量。

想要改變世界很好，但也不用動不動就想要改變世界，只要先改變自己就好，讓自己成為一個勇於承擔責任、一個願意幫助別人的人。這會讓我們成爲更好的人，而這是一個人活著最基本、也最重要的生命責任。

有一天我們會體悟到，原來幫助他人這件事，說到底，最有關連、也受到最大幫助的，還是我們自己。因爲幫助別人的整個過程，是一個履行內心深處認爲應該做的事的過程，是一個完成自我生命救贖的過程，這將讓我們的存在本身充滿意義、充滿無限的力量。

用生命影響生命的禮儀師。

死亡，是從我們出生的那一刻就注定無法逃避的事，差別只在早或晚、預想得到或突然來臨。

當這無可避免的一天到來時，家人除了深陷不捨、傷痛的情緒外，便是希望整個後事順利、圓滿，讓往生的家人可以無病無痛地離開人世，好好地去到另一個世界，而這便是「禮儀師」存在的意義。

小蓁是我的朋友，她曾向我描述當年她父親在生命最後彌留階段的故事。她當時很難過，也很緊張，因爲從來沒有處理過後事，加上悲傷的情緒籠罩，顯得很慌張，不知所措。當醫師告訴她可以準備後事時，她趕緊打電話給一位叫阿誠的禮儀師朋友，用顫抖的語氣詢問接下來該做些什麼事情、該準備什麼東西。

阿誠用很溫暖、給人安全感的語氣說：「小蓁，妳現在什麼事情都不用做，也不用管，趕快去抱抱妳的父親，跟他說：『我愛你。』讓他在離開人世的最後一刻，可以深深感受到妳對他的愛，讓他深深感受到妳是愛他的，而且會永遠愛著他，這是唯一、也是最重要的事。至於其他辦理後事所需的一切，請放心，我會全部安排好。」

小蓁說，這通電話給了她很大的安定力量，而且在辦理父親後事的整個過程中，因爲禮儀師阿誠的專業、用心與溫暖，讓她內心的傷痛逐漸釋懷，並從心底感受到安定與平靜。因爲整個儀式的圓滿，她深信父親一定已經無病無痛地跟隨觀世音菩薩，到達另一個世界。

後來因爲小蓁的介紹，我認識了這位資深的禮儀師，阿誠。

阿誠告訴我，一般人對殯葬業或禮儀師的工作，總是有些害怕、忌諱，他卻對自己的禮儀師工作感到驕傲與自信。他認爲一個好的、專業的禮儀師，可以撫慰失去親人、內心悲痛的人，可以給他們安定與平靜，讓他們得以繼續面對自己的人生，好好走下去。

這是一個「用生命影響生命」的過程，因此，殯葬業才會被稱爲「生命事業」。

一個人能夠在某個領域中成爲令人敬重的一號人物，他對自己從事的工作或事業所關注的點，一定與平庸之輩有著極大的差異。

他在接觸客戶時，第一個直覺反應不是滿腦子業績、生意，以及如何利用話術榨出更多的錢，而是將客戶當成一個活生生的人，一個充滿快樂與悲傷、幸福與痛苦的眞實生命。

他看盡世事，懂得人情世故，對他人所處的生命境遇有著深刻的理解，能夠同感共鳴人們的喜悅與哀傷。簡單講，他跟每個有緣相遇的人可以有深度的生命連結，知道此時此刻對方心裡眞正的感受是什麼、眞正在意的是什麼、眞正需要的是什麼。

附帶一提，阿誠二十幾年來已經默默地無償幫助了上百名窮苦、甚至是無名氏的往生者，讓他們能夠有尊嚴地離開人世。

阿誠說，除了感恩這些受他幫助的往生者冥冥之中對他的保佑，更感恩在幫助他們的過程中，對自我心性的磨練，讓他能夠眞誠地願意去幫助更多需要幫助的人。他認爲，這樣良善的起心動念遠比得到金錢更有意義、更有力量。

在這世上，幫助人的方法有很多種，有的人給錢，有的人出力。無論給錢或出力，都是好事，但**有一種更為難得的善行，就是透過自己的服務與存在，讓無數人內心獲得珍貴的平靜與安定感，給予他們無畏無懼的勇氣，讓身處傷痛中的人能夠繼續走下去**。阿誠便是這樣充滿溫度的禮儀師。

被判出局也不放棄，創造生命的奇蹟。

最近，我經由出版社同仁的轉述，知道了一個叫阿布的年輕女孩的不凡故事。

阿布原本是東華大學藝術與設計系的學生，長得清秀可愛。大三升大四的暑假，她正日夜不停地努力準備成果發表會，卻常常覺得自己的膝蓋、骨盆會痠痛。後來越來越痛，實在受不了，便去看醫生。

起初以爲是姿勢不良導致的傷害，就去看復健科。但復健科醫師檢查後，覺得情況不對，立刻建議她到大醫院做進一步的檢查。

阿布依照建議，到大醫院接受 X 光及電腦斷層檢查，結果發現，她的骨盆竟然有一部分已經不見了！

進一步做更詳細的磁振造影及切片等檢查後，醫師告訴阿布，她罹患了罕見的「極度惡性骨盆腔內骨肉癌」！

醫師說，他上一次見到這樣的病例，已經是八年前……

阿布才二十一歲！怎麼會這樣?!

全家人感到極度震驚、不可置信，難過又崩潰。但還是得面對現實……

做完手術評估後，醫師告訴阿布一個更讓她傻眼的訊息：「因爲錯過了早期發現的黃金時機，以妳目前的狀況，如果不動手術，可能只剩下不到半年的生命；但如果選擇動手術，風險非常非常高。」

「有多高？」阿布的眼淚撲簌簌地流了下來。

「以目前的病程，有呼吸地進入手術室，能夠有呼吸地出來，機率可能不到百分之十，而未來五年的存活率幾乎是零。開刀後仍須終身坐輪椅，必要時須截肢保命。」醫師抿著嘴，難過地說著。

「……」阿布震驚得說不出話來。

母親泣不成聲地對阿布說：「妳坐多久輪椅，我就照顧妳多久。我們會照顧妳一輩子。」

「一輩子」三個字對當時的阿布來說眞的太過沉重，讓她無法喘息，深深地感到自責。

後來，原本要幫阿布開刀的醫師不幫她開了，因爲風險眞的太高。

在國中老師的幫忙下，接觸到全臺灣的骨肉癌權威團隊——臺北榮總醫學中心。於是，阿布全家人立刻趕到臺北，掛這位骨癌權威醫師的門診。

「手術如果眞的順利完成，接下來必須進行一連串的化療；如果有其他轉移，也必須再進行其他高風險的手術。依照過去的臨床經驗及全球醫學文獻，未來五年的存活率也不到百分之八。」榮總醫療團隊的主治醫師做完相關檢查後，看著報告結果，帶著有些遺憾的語氣說著。

「不到百分之八?!」阿布用顫抖的語氣再次確認。

「很遺憾，是的。」醫師平靜、疼惜地回答。

如果是我們，會選擇動還是不動這個手術？在這瞬間，我們的心可以保持平靜嗎？我們所能依靠的、憑藉的是什麼？會不會覺得人生空白，突然有種過往努力追求的一切彷彿都失去重要性的茫然？

撐過百分之八存活機率的生命奇蹟

我會跟大家分享這個故事，一定是阿布這孩子非常勇敢地選擇了動手術，賭上人生最大的一把。

我相信，阿布的內心是感受到恐懼的。她的心也會加速亂跳，半夜也會睡不著，但在如暴風雨般的逆境中，阿布依舊頂著壓力，做出人生最大的選擇，這才是眞正的勇者。

阿布說，她永遠記得，當她躺在病床上，被推進冰冷的手術室，看著點滴一滴一滴將麻藥打進自己的身體時，深深感受到，這也許是她生命最後清醒的時刻了……

經過十一個小時漫長的骨盆腫瘤切除手術，奇蹟發生了——阿布在極高風險、極爲艱難的手術後，活了下來。

但接下來等著阿布的，是更漫長而無止境的化療、電療、手術……整個過程中所要承受的焦慮、恐懼、煎熬、痛苦，絕非我們可以想像。

靠著極爲驚人的意志力，當然還要加上老天的眷顧與恩典，阿布撐過了一關又一關。

因爲動了骨盆切除手術，阿布從此必須坐輪椅、拄拐杖，去哪裡都不太方便，幾乎什麼事情都不太能做，在醫院療養期間更是幾乎只能躺在病床上看書。

在家人及同學的鼓勵下，阿布重新拿起畫筆，畫下一幅又一幅插畫。讀書、畫畫，以及家人、同學的陪伴，就是阿布在這煎熬、苦悶的日子裡，最重要的支撐了。

就這樣經過五年漫長的日子，更不可思議的奇蹟發生了——或許是老天想要給阿布更大的生命責任，她眞的撐過了百分之八的機率，活了下來。

一年多以後，阿布的健保卡從重大傷病卡，換成一般健保卡，這代表她重生了。

重生之後，阿布將自己這一路走來的心路歷程與感恩的心情，運用她擅長的插畫及簡樸的文字，完成了一本非常感人勵志的書——《即使被判出局，也要讓夢想回家》。

這本書一上市，就獲得非常好的迴響。阿布的善良與意志力啓發並激勵了無數的讀者，給了無數讀者希望與勇氣，當然也包含了我。

溫暖的緣分，超越思維的感受

現在，阿布已經是一位知名的抗癌藝術家了。而且很有緣分，出版她著作的出版社，剛好跟我是同一家。

通常如果有讀者團購某個作者的書，作者會到出版社的會議室簽書。那個會議室靠牆的書櫃裡擺著出版社所有作者的著作，而或許我的書團購的頻率與數量不少，加上出版社也很關照我，所以有一整面牆擺滿了我的著作。

阿布來到這個會議室，瞥見這面牆，拄著拐杖，緩緩地走到這面書牆前方，久久不能言語……

出版社的編輯進到會議室，看見這景象，好奇地問阿布：「怎麼了？」

阿布緩緩地說：「原來許峰源老師跟我是同一家出版社啊……」

「對啊，峰源老師從第一本書到現在，都是我們出版社出版的喔。」

阿布情緒有些激動，眼眶泛紅地說：「過去五年裡，許峰源老師的書一直都在我病床旁的床頭櫃上，給了我很大很大的力量。」

如果你是我，聽到這個故事，內心會有什麼樣的感受？

我記得當時聽到出版社同仁轉述這個故事時，我的心空掉了，一股溫暖、感動的情緒衝上鼻頭，讓我的眼眶泛紅。這種感受與力量，超越了一切言語。

說句實在話，如果換成我面臨阿布的生命處境，我能否像她一樣勇敢？能否撐過一道道手術、電療、化療的關卡？我一點把握都沒有。

而且，我後來有機會接觸到阿布，發現她身上充滿陽光的氣息，非常溫暖、有力量。在她身上，我學到太多太多事情了。

很多讀者認爲是我的文字與思維給了他們力量，其實這麼多年來，一直都是無數讀者給了我繼續踏實前進的力量。

感謝你們，感謝阿布，感謝老天給了這麼溫暖的緣分，讓我們的生命彼此連結。

過去有很多人問我爲什麼願意放棄律師工作，成爲平凡的作家。說眞的，不管我說再多，也很難眞正解釋清楚，因爲這件事是「超越言語與思考」的，也就是「不可思議」，不能用邏輯思維去解讀，只能透過心去感受。

當我們眞正感受過自己的存在對無數人的生命有著深遠的正向影響，甚至改變了他們的命運時，會感受到一股超越自我的力量，感受到自己的生命不單單是爲了自己一個人而活。這時，我們的生命將因此充滿意義與力量。

如果眞正體悟過、感受過，哪怕只有一次，我們就會擁有超越性的思維，這世上很多物質層面的享樂對我們將不再像過去哪麼有吸引力，我們自然也就不會再被它們控制。

我們會知道，在極爲有限的生命歷程裡應該去做什麼樣的事，才不會後悔一輩子。因爲我們已經明白，什麼事情才能讓我們獲得眞正、長遠的幸福與快樂。

看那看不見的東西，聽那聽不見的聲音，感受那無法言語的感受，我們的心才能體悟到眞正的智慧與力量。我們的心，會告訴我們眞正的答案。

轉心向內的自省力量。

準備出門到大陸泉州考察前，我特意認眞地問七歲的虎妞跟五歲的心心：「爸爸不在這幾天，兩個寶貝能否幫忙爸爸照顧家裡、照顧媽媽，然後虎妞可以幫忙照顧妹妹嗎？心心能好好聽姊姊的話嗎？」

兩個孩子都很認眞地對我承諾，一定會把家裡跟媽媽照顧好。

或許在別人看來，跟七歲和五歲的孩子討論這樣的問題，還很認眞討論，實在有點搞笑。這或許只是一般父母的嘮叨，但我是嚴肅、認眞的。我發自內心相信，她們能夠做到。

抵達泉州後，每天晚上，我都會跟老婆及兩個寶貝視訊。然後等孩子都睡了，老婆會跟我分享兩個寶貝今天的狀況。

她跟我提到，或許是因爲學校活動比較累，虎妞那幾天回到家後脾氣都比較差，不高興時會頂嘴、會擺臭臉，也會跟妹妹吵架。簡單講，就是虎妞並沒有做到、做好我出門前她對我的承諾。

幾天後，我回到臺北。兩個寶貝依舊跟往常一樣，熱情跳躍著歡迎我回家。跟她們擁抱親吻後，我先輕聲問心心，這幾天是否有好好幫忙爸爸照顧家裡、照顧媽媽、聽姊姊的話？

心心不假思索，大聲回答：「當然有啊！」

接著，我轉向虎妞，輕聲問她：「那虎妞有好好幫忙爸爸照顧家裡、照顧媽媽、照顧妹妹嗎？」

虎妞的表情有點尷尬、擔憂、緊張，眼神猶豫飄移了很久，才吞吞吐吐、心虛地回答：「有……」

我沒有做出任何情緒反應，笑著擁抱兩個寶貝，感謝她們的幫忙。我還特別親吻虎妞，謝謝她的努力，並且告訴她：「我相信，虎妞下次會更努力、會表現得更好。」

虎妞看著我，沒有直接回答，但我可以察覺到她內心有種隱微的情緒，若有所思。

過了一段時間，我到臺南關子嶺演講，因爲路途較遠，交通不便，需要在外地過夜。這次我一樣跟兩個寶貝說，希望她們能夠幫忙爸爸照顧家裡、照顧媽媽，姊姊幫忙照顧妹妹，妹妹要聽姊姊的話。

結果，當我演講結束、回到家後，老婆興奮地跟我分享，我不在的時候，虎妞很乖，不但飯後幫忙整理餐桌，還幫忙洗碗，甚至幫妹妹洗頭、洗澡，讓她嚇了一大跳。

這時，我給了兩個寶貝溫暖甜蜜的擁抱，感謝她們的幫忙，更特別謝謝虎妞姊姊幫忙照顧家裡、照顧媽媽、照顧妹妹。

這一次，虎妞臉上洋溢著燦爛的笑容，毫無猶豫、懷疑，全身散發著履行責任及完成自我承諾後的成就感與自信心。

人做錯時，其實自己都知道

通常，人只要一被責備，內心就會立即燃起強烈的防衛心，就會想辦法替自己辯解，這是很自然的人性反應。而當一方忙著責備，另一方忙著防衛與辯解時，對立與衝突的氛圍會遮蔽雙方的心，阻礙對話的可能性。簡單講，就像打電話時斷線了。

因此，無論我們講的話再有道理，忙著防衛與辯解的人是聽不進去的。當他們關閉心房，我們說再多都是廢話，尤其是當我們自己也被負面情緒籠罩時更是如此。

這時的我們，就像拿著通話已斷線的手機自言自語一樣。**人與人之間的對話，最重要、甚至是唯一重要的，就是我們講的話能夠進入對方心中**。越深入，影響的力量越大、越久遠。

我從泉州回到家後，虎妞一定猜到老婆會跟我告狀，一定會擔心等我回來後，她可能就會被狠狠修理一頓。

可是，我不但沒有責備她，還對她充滿信任，這樣的態度在她內心深處激起了一種低盪迴響的省思，讓她升起一絲慚愧的心念。在沒有外在責備的情形下，她的注意力有空檔可以從外境轉向自己的內心，好好省思：「我答應過爸爸，要好好照顧家裡、照顧媽媽、照顧妹妹……但，我做到了嗎？」

在保持信任的前提下，在語氣不帶情緒、不激起對立與衝突的氛圍中，孩子才有機會靜下來，轉心向內。她感受到的不是責備、不是說教、不是爭吵，而是一種依舊被信任後的感化，也就是所謂的「悟」。

我相信，未來虎妞依舊有可能無法做到自己的承諾，但我依舊會信任她，相信她只是暫時敗給自己，而會在下一次戰勝自己、超越自己。

我們應該學會對自己的生命責任做出承諾，即使一時敗給自私、敗給情緒、敗給自己，但只要能將注意力轉回自己身上、轉向自己的心，產生自我反省的力量，下一次就有機會在那個快要失敗的關鍵時刻踩煞車，給自己一個提醒。這樣，我們就有可能做到自己的承諾。

當一個人做錯了，其實他自己都知道，這種自我反省的力量來自每個人都有的內心深處的太陽。只要不受到過多外在的責難、不被自我辯解與防禦給遮蔽，我們內心會自然而然升起一股根源於內在太陽、讓我們自我反省的正向驅動力量。

我對子女教育最重視的部分，不是智識、才藝，而是她們的心性。我期待透過一次次珍貴的教育互動過程，在不因爲過度責備而產生干擾的前提下，讓她們藉由自心本具的光明力量，一次次戰勝自己、超越自己，點點滴滴培養內在的反省心、責任心、自信心。

這整個過程中，最大最大的挑戰其實不在孩子，而是在我們自己身上。身爲父母的我們是否能夠不帶情緒地去表達這些事情、能否深度理解並寬容地面對孩子的一切？最後我們還是會發現，原來最大的挑戰又回到我們自己身上、回到我們的心。

請記住，話語只是一種工具，用錯了、講多了，可能只是廢話，可能只會造成衝突。只有讓人內心低盪迴響自省後產生的「悟」，才能真正改變、轉化一個人的心。

無愧於頭上三尺的神明。

馬祖是一個孤懸於閩江口外的列島群，主要由南竿、北竿、東引、莒光等大小島嶼組成，與大陸福州僅有一水之隔。

以前，馬祖島是大陸閩東漁民出外打魚的中繼休息島，後來慢慢才有人居住。它的外海緊鄰世界知名的舟山漁場，因此過去幾百年來，島上的居民幾乎都是以打魚維生，也就是所謂的「討海人」。

幾百年來，馬祖島上的討海人一直有一個不成文的習俗，就是當出海捕魚時，只要見到在海上漂流的浮屍，也就是俗稱的「水流屍」，當天就會停止捕魚，並協助將浮屍拖回島上的沙灘，妥善安葬。

這個習俗被非常嚴格地遵守，幾乎沒有人會違背。

馬祖的朋友告訴我，你在茫茫大海上看見浮屍時，其實代表它也看見了你，你們的相遇是注定的緣分；如果你對它視而不見，就是拋棄了它，它一定會纏上你，讓你遭遇一連串禍事。

違背緣分後遭遇惡禍的事，在無數老一輩的長者之間流傳，這些禍事不是故事、不是傳說，而是眞人眞事的事實。所以幾百年來，島上的討海人深信不疑，謹遵恪守。

或許外人會認爲漁民遇到浮屍是一件壞事，因爲那天就不能捕魚賺錢了。但其實，錯了，當地漁民從來不認爲遇到浮屍是壞事，反倒打從心裡知道這是一件好事，一個難得的好緣分。因爲當漁民接受了這個緣分，並將浮屍妥善安葬後，只要誠心向亡靈祈求漁獲豐收，往往可以應驗。

當漁民眞的因爲亡靈的幫助而大豐收時，就會幫浮屍立廟成神。

正是因爲這個浮屍立廟的習俗，馬祖列島上的廟宇密度高居全臺灣第一，有些村落甚至出現廟比人多的奇景。

相傳數百年前，南竿居民在村內澳口的沙灘上看見一具女性的水流屍。居民按照習俗將她妥善安葬，並祈求她保佑大家出海捕魚可以大豐收。沒想到，她不只應驗了居民的祈求，讓大家漁獲豐收，還在無數漁民於海上遭遇危難時，化身火球或明燈，引導漁民返航，庇佑大家平安歸來。於是，島上居民誠心為她立廟。後來大家才知道，這位女性便是大陸湄洲投海救父的孝女林默娘，也就是如今香火極爲鼎盛、信徒數以百萬、千萬計的「天上聖母」——媽祖娘娘，而這也是馬祖的地名由來。直到今日，南竿島馬祖村的天后宮依舊保存著媽祖娘娘當年安葬的靈穴。

幾百年來，媽祖娘娘庇佑著島上居民，也庇佑著無數信徒。媽祖信仰不只是馬祖島，更是海峽兩岸無數民眾的信仰中心，是所有討海人最崇敬的神明，每年在海峽兩岸舉行的各項媽祖祭典與遶境活動熱鬧非凡、莊嚴隆重。二〇〇九年，媽祖信仰還入選聯合國教科文組織人類非物質文化遺產。

在四下無人處，你是什麼樣的人？

不知道你怎麼看待馬祖島「浮屍立廟」的習俗？是認同，或者認爲是迷信？我很喜歡深入各地，去了解當地居民的歷史、文化、習俗，去深入理解他們活著的信仰與依靠。這代表一種尊重與學習，除了可以讓彼此的生命有更深的連結外，更難得的是，我們往往能夠從中感受到超越的力量，感受到天的存在。

稍微想像一下，當我們乘坐捕魚的漁船出海時，在一望無際的茫茫大海上，除了海，就是天，什麼都沒有，什麼都看不見。我相信任何一個人處在這種環境中，都會感受到或大或小的恐懼，都會感受到自己在海天之間的渺小。

此時如果突然遭遇惡劣海象，在驚濤駭浪之中，我們能仰賴及依靠的是什麼？我們還能天眞地以爲自己可以緊緊控制一切嗎？

這個時候，除了相信命運，我們就只能將希望託付給內心信仰的神明了。

我從來不認爲拜神是迷信，當然也不會與人辯論到底有沒有神的存在，畢竟這是一種不可思議的境界，無法用大腦的思維邏輯去分析與理解，也無法輕易驗證。

我反而喜歡從另一個角度來理解信仰。

我們家供奉的主神是關聖帝君，全家人每天出門前、回來後，都必須先到神明廳去向關聖帝君拜拜，祈求出門一切順利，或是感恩平安歸來。這是我們全家人，包括兩個寶貝女兒從小就養成的習慣。

我總是告訴她們：「如果妳們心存善念幫助別人、做好事，縱使沒有人知道，但關帝爺公知道，祂會保佑妳們、獎勵妳們；如果妳們偷偷做壞事，縱使沒有人看見，但關帝爺公也知道，祂會打妳們屁股、懲罰妳們。」

俗話說：「舉頭三尺有神明。」我超喜歡這句話，這一生也因爲這句話獲益良多。

我常常反省自己，當沒有任何監視器、沒有任何人看到時，我會做什麼樣的事？我依舊會做好事嗎？還是會忍不住偷偷做一些壞事，反正沒有人知道？

講深一些，就是四下無人時，我們到底是什麼樣的人？我們眞的經得起檢驗嗎？

「舉頭三尺有神明」就是告訴我們，縱使四下無人，抬頭看看上面，我們內心信仰的神明正在看著、盯著。

大家都是平凡人，都有很多私欲與衝動，有時也會有一些壞念頭，如果時時刻刻都有一種監督的力量，讓我們不會把人生的路走偏，是挺好的。

律師的實務經驗告訴我，這世上幾乎沒有什麼壞事不會被發現。凡走過必留下痕跡，即使逃過法律的制裁，也難保世上無人知曉；縱使眞的沒人知道，講到底，我們自己心裡還是明白的。

所以，有智慧的做法，就是**時時刻刻提醒自己「舉頭三尺有神明」**。哪怕就在我們想做壞事的那一瞬間，因爲這個提醒而有了幾秒鐘的猶豫，都有可能讓我們放掉那個壞念頭，逢凶化吉。

想要避免做壞事而惹禍上身其實不難，不做不就沒事了嗎？在那個關鍵時刻，我們需要的往往就是一個簡單的提醒：「舉頭三尺有神明。」

很多人喜歡與人辯論宗教信仰，有的爭辯到底有沒有神存在，有的爭辯自己的神才是眞神。在我看來，最重要的是，當有一天要離開人世時，無論閉上眼後看到的是哪一尊神，我們能否問心無愧地面對祂？我們一生的所作所爲能否經得起檢驗？我們是否從未逃避過祂安排的責任，也毫不辜負祂給予我們的天賦能力？

有溫度的人，有溫度的生活。

現在每個人都在研究及討論，未來十年這世界會有什麼樣的變化？我卻認爲，與其關注未來十年會有什麼變化，我們更應該關注「未來的十年有什麼是不會變的」。

只有那十年、二十年，甚至一輩子都不會變的，才是值得現在的我們投入一切能量、資源與時間的人生方向。

一個不以外在物質包裝身分的地方

一九五六年七月，國民政府在馬祖地區實驗戰地政務，實施「軍民一元化」體制。島上軍民一切以軍事爲主，縣長由軍方指派，所有民眾均須接受軍事訓練，居民要離開馬祖島須申請出境，回來時要申請入境，馬祖全境則只能使用在島上流通的「馬幣」。從此，馬祖開始了與世隔絕的日子。

這個實驗一進行就是三十六年，直到一九九二年十一月七日，國民政府才正式宣布終止戰地政務，馬祖地區全面回歸正常的憲政體制。

長達三十六年的軍民一元化體制、封閉的軍事戒嚴環境，醞釀出馬祖島上特殊的戰地風情，並保存了珍貴的閩東建築（如北竿的芹壁村）及民俗活動（如擺暝祭典）等文化。

幾十年來，馬祖的經濟活動雖然不如臺灣本島般蓬勃發展，卻也因爲封閉的軍事環境，讓當地居民在收入上不虞匱乏。

戰地政務時期，馬祖全境居民只有幾千人，島上駐軍總數則曾高達十萬人。早年阿兵哥當兵要三年，中途還不能返臺休假，但薪俸有離島加給，在沉悶的孤島無處排解寂寞，最大的享受就是花錢娛樂。

所以，早年馬祖全境雖然只有一千五百多戶人家，但其中超過一千戶都是商家，餐飲店、軍品店、茶館、澡堂等，居民的收入都頗爲豐碩。

據說在一九六〇年代，臺灣一棟普通的透天厝要價三、四十萬元，但在馬祖開計程車竟能月入三十萬元！（義務役軍人在島上不得私自擁有汽車、機車等交通工具，而馬祖特殊崎嶇的地形根本不適合騎腳踏車，所以只能仰賴計程車。我向馬祖的朋友求證過，現在從南竿島最東邊的南竿機場坐計程車到最西邊，要兩百元，當年也是兩百元，不過，是一個人頭兩百，一輛車坐滿四個人，就是八百元，而車程只要十分鐘……）

直到今日，馬祖人的收入依舊豐厚。財政部公布的二〇一六年國民所得統計資料顯示，南竿鄉每戶的平均年所得是新臺幣一〇二．一萬元。

簡單講，馬祖地區沒有大家想像得貧窮，人民的生活其實都過得還不錯。但最難得的是，我造訪馬祖兩次，卻從未在路上看見任何賓士或ＢＭＷ，更不用講保時捷、海神等千萬跑車。此外，我也幾乎沒有在馬祖當地朋友身上看見ＬＶ、GUCCI、CHANEL 等精品。

關於這點，我特別請教過馬祖的朋友。他們告訴我，馬祖是個小地方，大家幾乎彼此都認識，甚至已經認識好幾代人了，都知根知底，你到底有錢沒錢，大家都知道，根本不需要這些東西來襯托身價。加上多年來民風淳樸，太招搖反而會引來不好的名聲或危險。（在以前的戒嚴管制時期高調炫富，傻了嗎？）

在馬祖，你的名聲代表你這個人，遠比你開的車、拿的包包、穿的衣服重要太多了。

都市人虛僞包裝、客套裝熟那一套，在馬祖是完全行不通的。在這裡與人相處，必須拿出眞材實料，必須用赤裸的心與人交往——也就是說，去除掉豪宅、名車、名牌服飾和包包後，你到底是一個什麼樣的人？

只要你眞的做人好，別人家有需要就出手幫忙，捕回來的魚、種的菜都願意跟鄰居分享，日子久了，大家就會認同你，當你需要幫忙時，鄰居也會幫你，你家門口也常常會放著鄰居與你分享的魚和菜。

每次看到馬祖的讀者朋友傳來家門口擺著鄰居分享的蔬菜、水果、手工點心的照片，我內心都深深感到羨慕。這樣的人情味，在都市裡幾乎很難見到了。

造訪馬祖的一個假日早上，當地朋友帶我們全家人去吃有名的鼎邊糊，遇到其中一個朋友的老公。他是一名建築工人，一面吃著鼎邊糊、燕餃湯，一面跟我們打招呼。

我問朋友：「你老公星期天也要出門工作啊？」

她答道：「我老公今天一大早不是要去工地工作啦，是福澳那裡有個長輩過世，今天早上要出殯，我老公去幫忙扛鯊魚（抬棺材）。」

原來，因爲當地人口少，如果有人家裡辦喪事，附近的鄰居都會來幫忙，年輕力壯的男人就負責最辛苦的扛鯊魚工作。

一群為故鄉奉獻的在地子弟

早年馬祖沒有醫生、沒有醫院，連診所都沒有，只有軍醫院，主要替軍人看病。那時健保也還沒開辦，看病對馬祖人來說是很奢侈的事，除非眞的很不舒服，才會到軍醫院求診，卻往往因此延誤病情，危及性命。

如果遇到需要後送臺灣，基本上就是沒救了。因爲馬祖在戰地政務時期，交通嚴格管制且不便，沒有民航班機，臺、馬之間只有七至十天才航行一趟的軍用運補艦，單趟航行時間長達十八小時，搖晃程度會讓你吐到想要往生，更不用說運送病患了。

楊綏生是馬祖島第一個醫學院公費生，依照當時法律規定，公費生必須返鄉服務十五年。

當年他一完成醫學院七年的學業，在相當於現在住院醫師第一年就直接返回家鄉行醫。當時的馬祖連一個護士都沒有，他只能挑選高中畢業生從頭訓練起。

連人都沒有，更不用說其他的醫療設備了。

按常理，醫生想要賺錢，應該會在服務期滿後選擇到大都市行醫賺大錢。但包含楊綏生及後來陸續完成醫學院學業的公費醫學生，例如劉增應、謝春福、陳行鑫等，他們都沒有在十五年服務期滿後離開，反而堅守馬祖的醫療現場超過四十年。他們一生的青春歲月，幾乎都奉獻給了自己的故鄉。

他們都是馬祖在地的子弟，看著自己的鄉親受到病痛折磨，源於內心太陽的使命感驅使著他們一點一滴改善馬祖的醫療環境。經過數十年的努力，他們真的做到了。

在高度變動的環境中，看見那些不變的

馬祖雖然仍受限於許多條件，但醫療環境已經大幅躍進，加上飲食習慣、生活環境、好空氣，以及居民樂天知命的個性，讓馬祖的平均餘命在二〇一六年來到不可思議的八十七歲，成爲全臺灣最長壽的地區，贏得「忘齡之島」的美名。

不只長壽，馬祖的老人家還老得很健康，是全國老人肌少症最少的地區。至於爲什麼，很簡單，每天在馬祖崎嶇的地形上上下下走動、生活，腳力當然驚人。

曾任衛生署長的葉金川先生演講時，常常舉馬祖爲例：「健康靠自己，生活型態、預防保健、疾病篩檢才是主要。醫療、健保可以讓你死不了，但不會讓你更健康。」

相較於臺灣本島，馬祖的醫療還是相對落後，但矛盾的是，馬祖卻是全國最長壽的地區，爲什麼？（附帶一提，日本是全世界最長壽的國家，而日本最長壽的地區不是醫療最進步的東京，而是鄉下的沖繩，理由其實跟馬祖很類似。）

想知道爲什麼，你必須親自到馬祖走一趟，甚至住上一小段時間，才能有深刻的感受。然後你也才能深深體會到，原來人可以這樣活著。

我認爲，馬祖人的長壽，除了飲食習慣、好山好水好空氣之外，還有兩個重要因素。

第一，就是慢生活。這是一種數十年如一日的步調，深刻感受四季更迭、潮水變化；簡單講，就是與自然同頻，跟隨大自然的節奏好好活著。

看著一望無際的大海，聽著海聲，迎著海風，聞著海味，心自然就會慢下來，逐漸與大自然同頻共鳴，湧現一種回家的感覺，因爲人本來就是大自然的一部分。

第二，是濃厚的人情味。這是一種人與人之間生命緊密連結的感受，一種被人放在心上的溫暖感覺。

現代人，尤其是在繁華都會區工作生活的人，每一天都被各種工作、計畫、專案推著或逼著，腦子永遠在高速運轉。極爲高壓、緊湊的生活讓人們好久好久沒有眞正地休息，隨之而來的就是各種因爲壓力、焦慮而生的文明病——大部分的文明病都是知道身體出狀況，卻查不出原因，也找不到解決方法，如過敏、失眠、憂鬱症，只能不斷治標不治本地吃藥（根據統計，臺灣一年吃掉的佐沛眠類安眠藥竟然高達一億三千萬顆）。

近幾年，隨著科技高速發展，資訊爆量產生的知識焦慮感讓我們好像永遠都有讀不完的資料，深怕自己落後、跟不上別人；而當我們拚了命地讀資料、背資料，卻換成人工智慧機器人登場……種種競爭與壓力，幾乎讓人們被科技綁架了。

高速運轉的生活早已逼近臨界點，很多人已經處於當機（眼神死）的狀態，忘了怎麼慢下來，忘了怎麼好好活著。

此外，在高度競爭的環境中，人們拚了命地爲自己努力，人際交往上偏重功利主義，思考的是一段關係對自己有沒有用，卻也導致人與人之間的虛僞與疏離感。人們常常感受不到自己存在的價值或活著的意義，甚至因而感受到彷彿這個世界多一個他或少一個他也沒差的孤寂感。簡單講，就是人與人之間失去了眞心願意「將彼此放在心上的生命連結感」。

無論未來科技再怎麼發達、人工智慧再怎麼厲害，我們終究還是人。只要是人，就必須學會如何好好活著；甚至應該說，未來人們最大的挑戰與課題，便是學會「如何好好活著」。

人工智慧持續發展下去，會有無數的工作被機器人取代，而人類是不可能比機器人記下更多知識與資訊的。比誰記得多、比誰專業，人類注定是輸家。

然而，人類不必然永遠是輸家。人不可取代的最大優勢，就是「身而爲人的溫度」，也就是人與人之間的生命連結感。

一個有溫度的行業，在未來的十年、二十年，甚至永遠，只要有人類存活的一天，都不可能被機器人取代；而一個有溫度的人，就是未來最具競爭力的人才。

未來的人一定會花大錢去感受慢生活，感受人情味，感受身而爲人活著的生命能量。

這次的馬祖行，我大姊也同行。她的工作壓力大，長期以來都有肩頸僵硬痠痛的毛病，我老婆則是有過敏性慢性咽喉炎，我也有慢性蕁麻疹的困擾，但是去馬祖旅遊的幾天，我們三人的這些毛病都沒了、消失了（我吃一大堆海鮮，卻一顆蕁麻疹都沒發）。或許你認爲是湊巧，我卻深深體會到，這就是慢活的力量。

我相信過不久，我們全家人會再次踏上美麗質樸的馬祖島，因爲那裡有我心嚮往之的慢生活，更有充滿人情味的老朋友在等著我們。

Part 4
我不完美，我還在學

寬容，是強化所有關係最大的力量。

我很少在文章中提到我老婆，畢竟這需要很大的勇氣。寫得好，不一定有獎勵；寫不好，肯定要挨罵……但，今天我想鼓起勇氣聊一下我老婆一個很有趣的習慣。

我們從認識、交往、結婚至今，已經十幾年了，我老婆一直有個很特別、甚至有點怪的習慣，就是用完東西後，會「忘記把瓶蓋關好」。最可怕的不是整個忘記關，如果整個忘記關、把瓶蓋放旁邊也就算了，她是會把瓶蓋蓋上去，卻沒有關緊。而每次只要我只抓著瓶蓋拿起寶特瓶，悲劇就會發生……

十幾年來，因爲這個怪習慣，不知道發生過多少次災難。要麼御茶園寶特瓶打翻，要麼表飛鳴玻璃瓶摔碎，不然就是沐浴乳整罐掉落，灑了一地，而我手上只剩抓著的瓶蓋，看著滿地、滿身的慘劇……

不管我爲這件事念了再多次，也不管她承諾改進再多次，悲劇依舊不斷上演，搞得我在家裡只要拿起有瓶蓋的罐子，都會莫名地再三確認、神經兮兮。

爲了關好瓶蓋這件事，我們甚至發生過爭吵。老婆嫌我一直念，我則怪她怎麼講都講不聽。我一直認爲，用完東西、關好瓶蓋不是很基本的習慣嗎？怎麼總是做不到呢？

直到有一天，我看著老婆結束辛苦的看診工作後回到家，忙著弄晚餐給全家人吃；吃完飯後，又忙著幫兩個寶貝女兒洗澡；洗完澡、哄她們上床睡覺後，還要從床上起身去洗碗；洗完碗，還要去洗衣服……整個忙完後，只能癱躺在沙發上，無意識地滑手機。

看著這樣的老婆，我很心疼。就在陷入某種思緒時，我拿起餐桌上的油切綠茶，抓著瓶蓋，悲劇再次發生——飲料又打翻了……

寶特瓶掉落地面，發出聲響，打斷了我的思緒。我看著滿地的飲料，內心卻沒有憤怒，然後默默地到廚房拿了抹布，把地板擦乾淨。

從那天開始，我再也沒有因爲瓶蓋的事情跟老婆發生過爭吵，因爲我知道除了瓶蓋這件事，她爲我們這個家付出太多太多了。從那天起，我會很自然地在拿起任何瓶罐前，先確認瓶蓋是否已經關好，如果沒有，那……我就花個三秒鐘把瓶蓋關好就行了。沒什麼大事，問題不大。

聚焦於負面之處，能量就會集中在負面事物

當我們把注意力聚焦在別人的缺點時，會放大缺點，忽略了對方的優點、付出與奉獻。我們的注意力有非常強大的力量，就像大太陽底下的放大鏡一樣，會將我們全部的能量灌注在某個點上，無論是正面或負面的。

當我將注意力聚焦在老婆總是忘記關好瓶蓋這個怪習慣上時，彷彿全世界只有這件事值得我關注，尤其當我因此打翻、打破東西時，就會把老婆整個人等同於「關不好瓶蓋」這個怪習慣，而加以指責、教訓。然而，這樣的認知是個幻覺，會導致我們錯誤地扭曲眼前的一切人、事、物。

老婆對我而言不應該只是那個怪習慣，她對我們家的奉獻更不該只是那個怪習慣，這是再明顯不過的眞相。然而，當我們被負面情緒籠罩時，就會看不清這個本應顯而易見的眞相，因爲我們的心被責怪別人、教訓別人的衝動情緒遮蔽了。

當我們可以將注意力從別人的缺點上移開時，就能將負面聚焦的能量抽回；當我們可以看見別人對我們的付出、奉獻與犧牲時，就能重新聚焦正面能量，就能增強對別人的寬容心、慈悲心。我們會拉大自己的生命視角，看見全然不同的世界。

我們會深深體悟到，原來，問題一點都不大，只要幫忙把瓶蓋關好就行了。不用嘮叨、不用指責，只要伸出手幫忙就好，然後，彼此的這個「點」也就過了。沒有了我對你錯，沒有了爭吵，內心多出來、湧現出來的，就是極爲珍貴的寬容心念。

寬容的心是正向人際關係的關鍵

不只是夫妻，其實強化所有人際關係最大的力量，就是**寬容**。想要讓自己擁有正向的人際關係、生命支持系統，關鍵不在於別人能否改掉令我們生氣的缺點，不在於別人能否全然按照我們的期待活著，唯一的關鍵，就是我們自己的心，一顆擁有寬容心念的心。

將焦點從別人的缺點轉回自己的內心，不代表別人是對的，也不代表別人沒有錯，而是我們關注的重點應該是自己的心。這是超越對錯、勝敗的境界。

如果能夠在平時就集中心神關注別人對我們的付出、奉獻與犧牲，不將一切視爲理所當然，在感恩情緒的積累下，會厚實我們對正面事物的關注力量。未來在負面情緒湧起的瞬間，就能夠給自己提個醒，在心裡踩個煞車，這樣就有了深呼吸的珍貴空間。

即使別人犯了錯，或者做了不符我們期待的行爲，我們內心會多出一些些空間去包容對方。我們會知道，沒什麼大事，伸出手幫忙最重要，只要把瓶蓋關好就行了。

和老婆之間的爭吵變少後，有趣的是，我也覺察到自己原來也有很多怪習慣。例如不吃白米飯卻愛吃白粥、睡覺時堅持用棉被把自己捲成蛹狀、喜歡家裡的任何角落隨時都有書可以看，導致家裡的書像藤蔓植物一樣到處蔓生……感謝老婆大人多年來對我的寬容。

對了，爲了減輕老婆的家務負擔，雖然我依舊是一個生活白痴，但我買了洗碗機、烘衣機，並且每個星期固定請人打掃家裡，也算是對老婆略盡棉薄之力了。

話說，當我不再指責老婆，當老婆的家務負擔減輕之後，奇妙的是，家裡的瓶蓋好像慢慢地都關得緊緊了。

現在的我深深體悟到，原來，問題眞的一點不大，只要伸出手幫忙，只要把瓶蓋關好就好。

身爲父親，我還在學。

爲了好好教育兩個寶貝女兒，我也開始讀一些所謂的親子教養書，希望透過這些書學習到更多關於親子教養的思維與技巧，期盼自己可以成爲完美的爸爸，期盼可以教出完美的孩子。我相信，這是很多新手爸媽都做過的事情。

在兩個女兒去上學的空閒時間裡，自己一個人讀這些教養書時，都會覺得書裡講得很有道理，心裡也會有很多體悟，對女兒下課後的時光更是充滿期待，打算好好運用書上傳授的眾多教養技巧。

然而，到幼兒園、安親班接孩子放學後，她們開始爲了晚餐吃什麼而意見不合大吵大鬧、在捷運車廂裡搶玩具大哭大鬧、在餐廳裡要吃不吃地跑來跑去，之後回到家寫作業、收玩具、洗澡、上床睡覺都要我們吼來吼去……我發現，眞槍實彈面對孩子時，狀況跟我原先設想的完全不一樣。

雖然各種情況書裡都有提到，也提供了各種應對方法，但說眞的，當情緒上來時，在書裡讀到的一切都拋諸腦後了，什麼愛的教育、平靜地對話、溫和且堅定的教養……掰了。

也就是說，我明明知道發生了什麼情況，但是被情緒籠罩時，一切都是空談，因爲我就是控制不住自己，當下的選擇就是讓情緒整個爆發。

然而最令人沮喪的是，當我情緒爆發、對孩子大聲說話後，雖然似乎控制了場面，壓制了孩子的不當行爲，我卻從孩子的眼神中，看見了讓我心碎的恐懼。

在一次次充滿怒氣地吼叫，然後又一次次深陷懊悔情緒、自我反省之後，我有了很深的體悟。

我慢慢了解到，**這世界上本來就沒有所謂完美的父母，更沒有所謂完美的孩子。當我們期盼從親子教養書裡學習成為完美時，我們的心態已經不完美了**。

我開始願意承認自己的不完美。身爲一個父親，其實我也還在學，而且永遠沒有停止學習的一天，直到離開人世。這條路很長很長，所以不用急，慢慢來，快就是慢，慢就是快。

我開始用全新的生命視角看待我自己與孩子所犯的錯，不再將犯錯定義爲失敗，更不會迅速讓挫敗情緒籠罩自己，而讓一切失去控制。我慢慢體悟到，我們都不完美，而所謂的犯錯，其實是學習與成長的機會。

此外，我發現在整個教養過程中，最重要的並不是技巧，而是爲人父母者的情緒；整個教養的焦點，最關鍵的不是孩子，而是身爲父母的我們，尤其是我們自己的心念。

我們必須反轉整個教養的思維及焦點，照顧好自己的情緒，保持好自己的心念，否則一旦我們自己失控，讀再多教養書都是沒有用的。

所以，講來有點好笑、有點弔詭，原來所謂的教養子女，最後需要教養的，其實是身爲父母的我們自己，我們的心。

好情緒是孩子健全成長最好的養分

偷偷分享一個小小心得，一個你我都能做到的教養智慧。

那就是早睡早起，每天睡滿八小時！

早睡早起除了身體好以外，更是教養子女最基本、也是最強大的力量來源。

爲什麼？

我發現，只要每天睡得好、睡得飽，就能維持良好的精神力量，去面對與承擔孩子的各種情緒與挑戰。如果睡眠不足，加上工作一整天後，情緒很容易躁動，看什麼都不太順眼，孩子的隻字片語很容易就會讓我們覺得被挑釁，他們的舉動很輕易就能惹毛我們，接下來的暴走只是片刻之間的事情而已。

早睡早起，每天睡滿八小時，聽起來很簡單，做起來並不容易。不信問問自己，我們有做到嗎？

不過，現在的我爲了兩個寶貝女兒，已經把早睡早起、睡滿八小時這件事情視爲每天晚上的首要任務，更是對自我意志力的鍛鍊。我就從改掉睡前無意識地滑手機、滑臉書動態消息的習慣開始，這樣每天最少可以多睡半小時到一小時（只要有心，一定可以從日常作息中揪出更多做無意義的事的時間，用來多睡一點）。

多一分充滿精神的注意力，就能多一分平靜溫暖的心念，就有機會減少一分衝突與對抗的可能，這是我們可以給孩子最值得且珍貴的幸福時光。

將教養的關注焦點從孩子身上轉回自己的心。不用急著讓孩子聽我們的話，先讓我們自己好好聽自己的話；不用急著控制孩子，先學會控制自己的情緒及心念，我們平靜溫暖的好情緒，就是孩子健全成長最好的養分。

擁有好情緒、好心念的父母，才能教養出一樣擁有好情緒、好心念的孩子，這是很簡單的道理。而擁有好情緒、好心念的孩子，未來會是個有溫度的人，可以超越重重障礙，與無數人的生命建立正向連結，一生將充滿無限的正向可能性。

放輕鬆，子女的教養不是百米賽跑，而是一場漫長的馬拉松，不用焦慮地想要贏在起跑點，結果卻輸在終點。**我們應該學著承認自己的不完美，給孩子及自己一些時間與空間**，慢慢來。眞的，身爲父母的我們還在學。

終有一天我們會明白，只要我們自己好好的，孩子就會好好的，一切都會好好的。

在孩子面前，原來我如此平凡。

出社會這麼多年來，在商場上，我幾乎沒有印象與人吵過架。這幾年最常吵架、冷戰的對象，竟然是我最愛的兩個寶貝女兒，虎妞、心心。

每次情緒失控，對孩子發脾氣、大聲說話，過段時間自己冷靜下來後，歉疚的情緒總是會像針一樣扎得我很難受。不過，身爲父親的身段也讓我很難開口向孩子承認錯誤。

當我帶著愧疚、尷尬的複雜情緒，來到孩子面前，勇敢地、眞誠地向兩個寶貝認錯時，她們兩姊妹總是很快就忘記剛剛的爭吵，帶著微笑原諒了我，完全沒有擺出勝利者的姿態，給我一個大大的溫暖擁抱。

有時候，身爲父母的我們其實有些自以爲是，總覺得大人比較厲害、懂的比較多，所以有資格去教養孩子。我們總是對的，所以孩子一定要聽我們的。

然而，只要仔細觀察就會慢慢體悟到，孩子身上有許多我們大人難以做到且值得學習的智慧。

當大人真誠地道歉，孩子通常會很快原諒我們，而且只要過一小段時間，他們幾乎就會忘記剛剛那些不愉快，輕鬆地重新開始彼此的關係。

這樣的胸懷很不容易（沒幾個大人做得到），這是因為孩子的內心有著強大的、尚未被汙染的向善驅動力量，他們與別人生命的連結，依賴的不是金錢、地位，而是**愛**。

孩子願意原諒、願意遺忘，不是因為笨，而是他們的心知道這一切都不重要。他們認為唯一重要的，是父母真心愛著他們，而他們也真心愛著父母。

孩子是用真誠、善良、毫無防備的心與身邊所有的人互動與連結，這樣的心念是人最根本自然的狀態，是我們每個人都擁有的，只是在成長過程中被無數功利思想、算計、防衛給汙染或遮蔽了。

在每天的社交、應酬互動過程中，我們雖然彷彿與身旁的每一個人都很熟、很熱絡，但有時內心總會覺得好像少了點什麼，彼此之間好像有著某種說不出口的、隱微的阻礙，很難真正卸下所有武裝、偽裝，很難毫無防備地相處在一起。

原來，我們以爲自己很成熟，可以天南地北講出很多冠冕堂皇的場面話，事實上我們很幼稚，因爲我們連做眞正的自己的勇氣都失去了，連給身邊最親近的人最基本的自在都做不到了，那我們到底懂什麼？會什麼？那些我們以爲自己很厲害的一切，眞的有意義嗎？

每個人都喜歡跟孩子在一起，都想要被孩子喜歡，在孩子身旁，我們可以沒有壓力地笑、沒有功利算計。我們會感受到極爲珍貴的自在，可以不必很成功、很厲害，可以隨心所欲地做眞正的自己。

認眞研究，其實孩子沒有刻意想要做什麼，他們只是很自然地流露出我們每個人都有的純淨、善良的本質。**他們只是很自然地做真正的自己，就已經充滿無限的正向力量**。

孩子不會特別去防備誰，更不會想要去傷害誰，所以在孩子面前，我們也可以覺得很安全、很安心，可以自然地卸下所有的武裝、褪去世俗功利地位的僞裝，像一個眞正的人那樣，與孩子自在相處。

不管我們在外面的世界再成功、再失敗，在孩子面前都沒有太大的意義。就像我在兩個女兒面前，什麼律師、作家之類的身分都不重要，對她們而言，我只是她們眞心所愛、也眞心愛她們的平凡父親。

不管對方是誰，喜歡或不喜歡、開心或恐懼，孩子只會專注地與眼前這個活生生的人相處。這種純淨的力量很強大，會穿透一切僞裝，讓我們從孩子的互動反應中體會到自己到底是一個什麼樣的人。

我們因此可以檢視、反省自己，這麼多年來，我們到底活出了什麼樣的人生，到底成爲了什麼樣的人？這是一種超越世俗標準的檢視，卻能極深刻地觸動我們的心，因爲它所檢視的，是我們身而爲人的本質。

在孩子面前，我們能夠卸下武裝、防備，得到珍貴難得的放鬆與平靜，心念可以短暫回歸到充滿善良、寬容與力量的根本自然狀態。在孩子純淨內心太陽的映照下，我們照見了眞正的自己。

原本我以爲自己很厲害，什麼都可以教孩子，但現在的我逐漸從孩子身上學習到無數尚未被汙染的智慧。在虎妞及心心面前，我慢慢地體悟到，原來自己如此平凡。

不以自己的標準要求他人，生命因而順暢流動。

每個人都有自己的能力與生命節奏，或快或慢，或強或弱。不必苛求每個人都要滿足我們的期待，不要總拿自己的鞋給別人穿，不要太認眞看待自己堅持的標準，不要強迫別人接受我們所想所說的一切，我們不一定對，別人也不一定錯，沒有符合我們的標準，別人不也活得好好的嗎？

因爲跨學區的關係，我們每天送孩子上學習慣坐計程車（我不喜歡開車，工作型態也不適合開車，所以把買車的錢存下來，平常就以計程車、捷運、公車代步）。我幾乎都是透過手機，叫同一家計程車業者的車。

每天早上，讓兩個女兒準備好、出門上學，總是跟打仗一樣混亂。爲了趕在壓哨的最後一刻進校門（超過早上七點五十分算遲到），出門坐上計程車的時間就要計算得很精準，不能有半點誤差。

這樣的混亂場景，幾乎是每個有小孩的家庭共同的經驗。

兩個女兒衣服穿好、書包背好、鞋子穿好的時候，我就會打電話叫計程車。這樣一來，從我家坐電梯下樓，走到社區大門口，預約好的計程車在正常情況下就會出現在門口，而我們通常就能順利趕上學校關門的時間。一切都在我的精準計算之中。

然而，人生總是會有意外……

最常發生的意外，就是當我叫好車、牽著兩個女兒到大門口時，卻沒看到車。用手機查看計程車的衛星定位，赫然發現車子已經到過這裡，但離開了，手機上顯示的是「行程中」，也就是乘客已經上車，目前正在執行行車任務。這代表，我們的車被劫走了！

一旦顯示為「行程中」，我就不能取消叫車，也不能重新叫一輛車，必須打客服專線通知計程車業者，我的車被劫走了，請他們重新幫我派一部車。可是這樣一來，我們肯定會遲到，這種感覺眞的很不好……

送女兒到學校後，打電話去向客服抱怨，客服人員也只能說：「眞的很不好意思，我們會加強對司機的教育訓練。」每次都是一樣的回答，但，意外卻也一再地發生……

後來，我要求業者在派遣司機時，在任務訊息中要求「確認乘客是否爲許先生」。這樣要求後，情況有好一些，但意外偶爾還是會發生。其實，意外不必多，眞的只要偶爾發生一次，就很讓人發火。

爲什麼請司機確認乘客是不是許先生，車子還是會被劫走呢？

後來，我終於明白原因何在。

有一天上車之後，司機大哥認眞地跟我確認：「請問，您是許先生嗎？」這樣的問話方式讓我有點錯愕，因爲有心人在趕著上班或送孩子上學時，聽到這樣的確認方式，當然會回答：「沒錯，我就是許先生。」不管你問他姓什麼，他都是許先生。（還有一次，明明是女士上車，她卻回答：「許先生是我老公，車是他幫忙叫的。」）

這麼簡單的道理，怎麼會想不通呢？

我再次打電話去向客服抱怨，客服人員又是充滿歉意地說出同樣的制式答案：「眞的很不好意思，我們會加強對司機的教育訓練。」

生氣又無奈之下，我只能要求業者在司機的派遣任務訊息中，除了要求確認乘客是否爲許先生之外，加上確認手機末三碼。

這樣總萬無一失了吧？

情況的確有所改善，維持了好一陣子。但某一天，意外還是發生了……這讓我百思不得其解，難道喜歡亂搭、亂搶別人車的人，還能背出我的手機末三碼？

直到有一天，我們上車之後，司機大哥非常慎重地跟我確認：「請問您的手機末三碼是九〇五嗎？」

聽到這樣的確認方式，我笑了……

我沒有生氣，也不再打電話去客服了。就這樣吧，我不強求一切如我所願地進行，讓一切順其自然吧。

其實，絕大部分的司機大哥都是沒有問題的，有問題的只是極少數的人，何必爲了極少數的人生氣、煩惱？怎麼可能要求所有計程車司機都達到我的標準呢？

這世上每個人都有自己的角色，也都有自己的能耐，既是高度分工，也是各有極限。既然有五星級飯店，就有路邊攤，而**當我們要求路邊攤提供五星級飯店的服務時，其實我們自己才是過於執著、無理的，因為我們既沒有支付這麼高的費**

用，要求的場合、對象也不恰當。

五星級飯店不見得比較好，路邊攤也不見得比較差，它們本來就不一樣，而且只是不一樣，沒有好壞、沒有對錯。

讓每個人隨著自己的個性與境遇，好好活著就好了。

自從那次被司機大哥惹到笑出來後，我就試著不再苛求生命中的人事物按照我的期望及標準進行。我既放過了別人，更放過了自己。我深深體悟到，**我們無法期待與要求每個人，調整自己才是最難的，也是唯一且根本的。**

這不是消極的生命態度，而是接受我們無法控制一切、無法要求一切如己所願進行的生命眞相。如此，我們才不會在沒有意義、不切實際的期待上徒勞無功、筋疲力盡，而能將珍貴的能量用在自我調整的正途上。

沒事的，事情沒那麼嚴重，問題也不大，頂多早一點起床、早一點出門，頂多再叫一部車就好。

只要我們調整好自己，只要我們自己沒有問題，別人就沒有問題，一切都沒有問題，生命因此可以順暢無礙地繼續流動，而不再停滯於我們的執著、情緒與煩惱上了。

不要活得彷彿每天都在辦喪事。

某個星期六一早，到殯儀館參加一位長輩的告別式。雖然是一大早，但七月炎夏還是很熱，加上殯儀館一早就有很多場告別式同時在進行，莊嚴的念經聲、司儀主持儀式時哀戚的聲音、身著喪服跟拜的家屬、棺木、幡旗等，交織出一種難以言喻的沉悶及令人不想靠近的氛圍。

恭敬地完成三鞠躬後，到門口的淨水臺洗手，並將進入喪禮會場前早已放在口袋裡的芙蓉葉丟棄。這時還想起長輩交代過，參加完喪禮後，不要直接回家，要到別的地方繞一繞，把晦氣清掉。

淨水臺、芙蓉葉都是爲了避邪，回家前先到別處繞一繞也是爲了避免將喪事的負面能量帶回家，畢竟沒有人喜歡接觸或沾染喪事。

所以，我找了一間咖啡廳喝咖啡、讀書，因爲我中午還要參加一場好朋友的喜宴。

中午的喜宴在晶華酒店舉行，熱鬧而盛大。

到了婚宴會場門口，第一眼就看到好友夫妻大大的婚紗照，看起來甜蜜又幸福。每個來參加的親友臉上都掛著笑容與祝福，新郎四處忙碌、招待客人，雙方主婚人也忙著跟長輩閒話家常。

喜宴開始後，先是播放影片，回顧新郎及新娘從小到大的生命歷程。接著，新娘的爸爸牽著新娘進場，並將她的手交到新郎手上。我的眼眶都泛淚了，雖然想到有一天我也要將兩個寶貝女兒的手交到別的男人手上，心中就充滿不捨，但我也願意給予滿滿的祝福。

整場婚禮充滿溫馨而幸福的氛圍，縱使有淚水，也是喜悅與感動的淚水。

新人第二度進場、分送婚宴小禮物時，所有人一擁而上，有小朋友的父母更是抱著孩子往前衝，希望可以拿到禮物、可以沾染幸福的喜氣，禮物一瞬間就被搶光了。

接著，新人上臺進行抽捧花的遊戲，更是讓婚禮的氣氛到達熱鬧的高點。

賀卡、喜糖、婚宴小禮物、捧花，都是新人爲了跟大家分享幸福的喜氣而準備的，所有人都搶著拿，因爲喜事充滿正面能量，大家都喜歡接觸、沾染。

抱怨帶來的負面能量，讓人敬而遠之

同一天內參加喪禮與喜宴的機會雖然不多，但其實在農民曆上，同一天適宜「行喪」與「嫁娶」的機率也不少。

同一天裡，有人家裡在辦喪事，也有人家裡在辦喜事；辦喪事的人家未來可能會辦喜事，辦喜事的人家未來也可能會辦喪事。就像我們的生命，有壞事就一定也有好事，不全然都是壞的，也不全然都是好的，每天都有無數壞事與好事在發生。

當一個人對身旁的人事物充滿抱怨時，代表他受到很嚴重的負面情緒與慣性思維干擾，生命的視野變得極爲狹隘，導致他只能看見事情不好的那一面，卻看不見正向的那一面。就像一個戴著眼罩生活的人，生命中並非充滿黑暗，而是他看不見光明；他的每一天都像是家裡在辦喪事一樣，卻抱怨沒人理解他、大家都不願意接近他。

人跟人在一起是想要幸福快樂，不是想要痛苦，這是每個人共通的深層本性。所以，不要一跟人見面就抱怨東抱怨西，罵政府、譙老闆、埋怨身邊的每一個人。偶爾講講也就算了，一直說個不停，久了，是人都會感受到那股令人敬而遠之的負面能量。

這世上的任何事物，無論正面或負面，我們越關注，就會給予那件事物越多能量。關注好的，就發生好的；關注壞的，就發生壞的。

除此之外，我們的關注能量還有發散的效能，會感染、影響身邊的人。這就是所謂的氛圍，會像傳染病一樣，好的壞的都會傳染。

一個每天都像在辦喜事一樣、充滿好運的人，大家都想靠近他沾點喜氣及好運；一個每天都像在辦喪事、充滿倒楣運的人，大家都想離他遠一點，必要時還要用芙蓉葉避一避邪、用艾草過一過運。

要完全停止抱怨，很難，但或許可以給自己一個提醒，這世上還有很多值得感恩的事情可以講。

抱怨解決不了問題，只會越講越嚴重。爲了自己、爲了身邊的人，偶爾停下抱怨，給值得感恩的人事物多一些關注。

只要我們願意、只要摘下眼罩，一定能夠看見值得感恩的人事物。光是可以平靜無事地閱讀這本書、光是可以順暢地呼吸，就值得大大感恩了。我們的命運就在生命視角轉向、真正看見與關注感恩的瞬間，有了正向轉化的契機。

關注，是種強大的能量，我們可以決定怎麼運用這股強大的力量，而這也決定了我們的人緣與命運。

趕緊從辦喪事的心態走出來，當個每天都像在辦喜事一樣分享幸福快樂的人，讓身旁的每個人都能沾染我們的感恩與好運。如此一來，我們會創造出充滿光明力量的氛圍，聚集好人、好事、好運。

感恩情緒帶來的責任心。

我舊家附近有個湯頭非常棒的麵攤，是那種非常傳統的黑白切。整間店飄著濃濃的熱湯香氣，連地板都是油膩膩的，環境很在地，口味很道地。

由於真的很好吃，縱使後來搬家了，我還是常常專程回舊家，去那家麵攤吃東西。久了，跟老闆越來越熟，成了好朋友。

有一回，我一如往常點了最喜歡的三層肉、透抽、豬尾巴、豆腐，當然還有一碗熱騰騰的陽春麵。

小心走過油油滑滑的地板，坐定位，陽春麵及小菜都上桌、準備大快朵頤時，我無意間注意到攤子旁的洗碗槽邊站著一個二十幾歲的年輕人，正在賣力地洗碗。

引起我注意的原因，是他長得跟老闆很像，身高、長相，連微禿的髮際線都一樣。一問之下，果然是老闆的兒子。

「你兒子眞乖，還會回來幫忙家裡做生意。」我邊吃邊笑著對老闆說。

「我們家的小孩從小就要幫忙做生意，已經很多年了，工作都做得很熟啦。」老闆邊舀熱湯邊回答。

「奇怪，今天是星期二，你兒子不用上班啊？」

「現在就是在上班啊。」

「上班?!」

「現在大學生畢業找不到什麼像樣的工作，一個月領個兩、三萬塊，有什麼路用？乾脆回來家裡顧這個麵攤，以後我老了，攤子就給他接了，一個月少說也有七、八萬塊。」

聽完老闆的話，我一直注視著那個年輕男孩，心裡想著，難道這孩子一輩子都要守著這個麵攤嗎？這是他的夢想嗎？

我無意評價第二代承接父母攤子這件事的好或壞，只是看著那個孩子，我有很深的、難以言喻的感觸。看著看著，內心慢慢浮現阿爸踩著三輪車、沿街叫賣臭豆腐的身影，浮現阿母蹲坐在超大洗澡盆旁切泡菜的身影，慢慢地，我心裡湧現一股強烈的感恩情緒。

我深深體悟到，如果不是阿爸阿母的堅持、付出與犧牲，今天的許峰源，可能只是個繼承阿爸那輛三輪車、沿街叫賣臭豆腐的攤販。

當我們試著從感恩的角度看待生命中的一切時，會擁有嶄新而開闊的生命視角，會看見別人對我們的付出，甚至是犧牲。我們會明白，自己現在擁有的一切都不是理所當然，內心會很自然地湧現**想要回饋的責任心**。

很多讀者，尤其是爲人父母的讀者問過我，爲什麼我從小就懂得要努力讀書，希望賺錢讓父母過好日子？這些動力從什麼地方來的？要如何讓他們的孩子也這樣懂事？

其實，我阿爸阿母從未這樣要求過我，但是當我看著父母爲了養育我們所付出的一切，自然就湧現想要回饋、報答父母的責任心，這是身而爲人的本質。

然而，就在我當上律師、有能力賺錢讓阿爸阿母過上好日子時，他們卻都不在了……原來我再拚命，也拚不過命運的安排。

我曾經埋怨老天、咒罵老天，因爲我覺得這一切很不公平，甚至不知道接下來的人生要爲何而戰。

而當我隨順生命緣分的安排，成爲作家時，我慢慢感受到自己的文字與思想對無數讀者產生正向影響，感受到自己與他們建立了一種溫暖、充滿力量的生命連結，這引領我進入更深層的生命境界。

從無數讀者回饋給我的正向力量，我感受到身爲作家不再是我一個人的事情了。能夠走到今天、能夠擁有現在擁有的一切，是來自無數讀者的支持與信任，我對他們有著很深的、充滿意義的責任。

這樣的感受讓我再一次從感恩的視角看待生命，並將原本想要回報父母的責任心轉到無數讀者身上。這讓我的責任心擴張、提升到一個嶄新的境界，讓我再一次找到生命的方向、找到爲何而戰的理由。

我希望透過自身的努力及奮鬥、透過我的文字及思想，帶給無數讀者正向的影響，甚至是命運的改變。我希望我的存在可以讓無數支持我、信任我的讀者幸福快樂，讓我與他們的生命都能充滿意義與力量。

有一天我們會體悟到，**生命中經歷的所有不幸與傷痛，都是命中注定的，都是在蓄積我們未來幫助別人的力量**。在看似不公的命運苦難中，蘊藏著更大生命責任的承擔。

承擔生命責任或許不是輕鬆的、充滿歡笑的、愉悅的，卻會讓我們體會到自己存在的意義，並從與無數人生命連結的過程中感受到難以言喻的力量。

直到最近，我才在某種很隱微的生命體悟中明白，原來，我把想要回報阿爸阿母的責任心轉向、提升爲回報無數讀者的責任心，這才是眞正對我父母最大的感恩。

征服的不是山，而是自己的心。

一個從來沒有扛過責任的人，永遠只能看見責任的黑暗面，只有那些選擇承擔、堅持、征服責任的勇者，可以感受到那無法言喻、不可思議、超越自我的光明力量。

責任，一直是我生命道路的主軸線。

我的一生，就是在扛著一個又一個超齡的責任而翻轉命運，並持續走在命定的人生正途上。

一般人之所以厭惡、逃避責任，是因爲只看見責任的黑暗面，卻從未看見責任的光明面，就像活在一個只有黑夜、沒有白天的世界裡。

責任往往給人壓力與痛苦的感受，卻也能夠帶給我們不可思議的成就感與自信心。這世界上沒有絕對好或絕對壞的事，任何事情有好就有壞、有壞就有好，讓我們直覺想要逃避、感受到恐懼的事，往往也會帶給我們最深刻的生命意義。只要談到「責任」兩個字，往往表示這不只是我們自己一個人的事，也跟別人、甚至很多人有關。所以，**承擔責任代表我們不為自己一個人而活，它與超越自我是可以畫上等號的**。

在責任面前，我們會感受到恐懼、焦慮、懷疑的情緒，我們的心會受到干擾。絕大多數的人在這時會敗給長期以來的負面慣性，選擇逃避、怠惰，這樣不只錯過了戰勝自我的機會，也因此繼續活在自私自利的枷鎖之中。

如果此時能夠靜下心來，深呼吸，慢慢地，深呼吸，我們會感受到內心深處有股隱微、閃爍的向善驅動力量，在暗示我們、要求我們、鼓勵我們。這是我們內心太陽的聲音，也是一切光明力量的源頭。

如果在這個負面情緒籠罩的時刻，我們能夠聽從自己內心善念太陽的要求，勇敢地承擔責任，戰勝自我，就能感受到掙脫自私自利枷鎖後的自由，感受到內心太陽閃耀的自信與力量。

就像爬山一樣，剛開始在山底下看著巍巍矗立的山頂，不免心生畏懼、懷疑與壓力，爬山的過程中也會歷經一次次的掙扎與痛苦。我們會經歷最大程度的困境，身體的疲憊達到極限，腦海裡充滿無數的雜音。

困境有時強大到我們不得不懷疑自己，然而就在我們感受到自己的脆弱時，也會感受到自己的堅強。我們知道自己不是一個人孤軍奮戰，知道自己承擔著無數人的責任，知道自己絕對不能放棄。帶著執拗而頑強的毅力、勇氣與信念，我們相信老天一定不會放棄我們，這是承擔命中注定的責任後才能產生的旁人無法理解、不可思議的力量。

當我們果眞衝破極限，登頂了，看見那無邊無際的遼闊，就會感受到一切辛苦與堅持都値得了。而更深層、也更重要的生命意義是：我們戰勝了自己，知道自己可以。

面對、承擔、履行、征服責任的心路歷程，絕非一個總是敗給自私自利慣性的人可以想像的。必須眞實而痛苦地經歷過、堅持過，才能感受到登頂後那種無限綻放的光明力量。

在責任面前，我們往往看不到隱藏其中的生命意義。承擔責任的過程不可能是舒適愉悅的，結果也不見得都能如我們所願，但其實，生命眞正的意義，就在於這整個過程中我們一次又一次的選擇。

面對責任，我們選擇不逃避，並勇敢承擔；履行責任的過程再痛苦煎熬，我們依然選擇一步一步走下去；最後的結果無論是成功或失敗，我們都選擇接受——像這樣一次又一次的選擇，正是一次又一次的超越自我，無論內在的負面情緒與外在的逆境多麼強烈，我們依舊聽從內心善念太陽的要求，正大光明、問心無愧地走在人生正途上，從未偏離，踏實前進。

一個偉大的登山家登頂時，往往能夠發自內心體悟到，他征服的從來不是山，山依舊是山，他征服的是自己的心。

肯定自我，提升自我，超越自我。

人活在世上，要當個有自信的人，但所謂的「自信」，其實有不同的境界。

肯定自我，建立最初的自信心

剛開始沒沒無聞，沒有人認識我們、肯定我們、讚美我們，是很正常的。所以人在第一個階段，必須先認識自我，了解自己的優點、缺點、能做什麼、不能做什麼。

然後從「肯定自我」開始，建立最初始的自信心。

縱使全世界都不肯定我們，至少我們要肯定自己，至少在每天出門前，我們要站在鏡子前面大聲地肯定自己。

不要小看這種對自己的信心喊話，縱使很微弱，卻是未來熊熊烈火不可缺少的小小火苗。從催眠式的自我肯定開始，我們會帶著微弱的自信心，努力朝自己的人生方向前進。

我一直相信，一個人再平凡，只要肯用盡全力，努力做好一件事，都能獲得一點小小的成績；而當我們開始有了成績，就會獲得外在世界給予的獎勵及掌聲。就像小學參加演講比賽或考試，如果成績優異，上臺領獎時，我們會感受到臺下的人給我們的掌聲，這種感覺眞好。

長大出社會後，我們努力之後得到的，可能就從獎狀變成了金錢、地位。我們可以吃美食、買喜歡的東西、出國旅遊，更重要的是，我們會獲得很多人的掌聲，這種感覺眞好。

就是這些愉悅的感覺給了我們自信，也給了我們繼續前進的力量。

提升自我，透過比較外在條件建立自信

當我們因爲努力而得到掌聲（包含金錢及地位），自然而然地，我們會願意更努力、付出更多，因爲我們想要獲得更多、更大的掌聲。

掌聲越多，我們的自信心越強烈，繼續努力的動力就越強大，獲得的成就也

越大，掌聲也就越多，如此一來，便開啓了人生向上提升的循環。

這時，我們就進入了「提升自我」的人生階段。

一直提升、一直提升，到達某個程度後，我們買得起名車、住得起豪宅，獲得令人稱羨的金錢與社會地位。這時，我們就達到了世俗所謂的成功。

絕大多數人的一生，都在追求這樣的成功；而當萬中選一的人達到後，往往也只停留在這個人生階段，直到老死。

到達這個人生階段很好，想要什麼都買得起，想去哪裡玩也沒問題。很多人認識我們、羨慕我們、崇拜我們，我們擁有了金錢與地位，還有很多很多掌聲。我們看似擁有了強大的自信心。

然而，這個人生階段的自信是有瑕疵的，是仰賴外在的比較條件而來的。

很多男人出社會賺到錢後，都想買一輛賓士車來開。在飯局中將賓士專屬的晶片鑰匙放在桌上，身旁的人留意到會多看幾眼，尤其是小妹妹會投以崇拜的眼神，讓我們感覺一切的辛苦與努力都值得了。傳說中，成功的男人就應該擁有一輛賓士車，所言不假啊。

可惜的是，有一天，開賓士車的我們在飯局中遇到一個開賓利車的男人，機車的是，他還坐在我們隔壁，也拿出了賓利車的鑰匙放在桌上，這時，我們會做何感想？我們還想把賓士車的鑰匙留在桌上嗎？原先因開著賓士車而來的自信心，還能堅定不受動搖嗎？

受到刺激的我們開始奮發圖強，幾年後，眞的獲得更大的成功，用盡全力終於買回那輛日思夜想的白色雙門賓利跑車，這下連去夜店也夠拉風了。車子停紅燈時，旁邊的人都投以羨慕、崇拜的眼神，還有人拿起手機對著我們的愛車拍照，這種感覺眞舒暢啊！

可惜有一天，開賓利車的我們在夜店門口遇到一個開頂級紅色法拉利跑車的男人，我們會做何感想？原先睥睨一切的驕傲與自信，好像在不知不覺中縮了、悶了。當那輛紅色法拉利的車門像老鷹翅膀一樣展開時，我們的自信就崩潰了。

人比人氣死人啊……

但是也不用生氣，畢竟仔細想一想，我們的自信不也是贏過別人、比過別人而來的嗎？

縱使我們的臉書粉絲團有十萬人，已經很成功、很猛了，但只要遇到二十萬人的粉絲團版主，我們講話就大聲不起來，這是很正常的現象。因爲這個人生階段的自信，是依賴比較外在條件而來的，無論擁有再多，只要遇到比我們多那麼一些些的人，我們的自信心就會受到動搖。

這時，絕大多數的人會選擇繼續燃燒自己的生命，追求更多的金錢、更高的地位，然後陷入無止境的比較漩渦之中，感受贏過別人的成就感，也感受輸給別人的失落感。最後，在得失的輪迴中，來到生命的盡頭。

履行命定的責任，超越自我

然而，有極少部分的人或許因爲某些福氣或緣分，不再從比較的角度往前看，而是能夠停下腳步，往回看——回頭看看到底是什麼樣的緣分，以及多少人爲我們付出與犧牲，才讓現在的自己擁有這一切。

慢慢地，我們內心會自然湧現一股感恩的情緒，體悟到自己今天擁有的一切都不是理所當然，而是來自無數人對我們的信任、付出與犧牲。

就像一個有很多員工的企業老闆，看見自己的企業發展到今天的程度，其實是來自無數員工一同努力、奉獻青春歲月，也看見自己的肩膀上承擔著與無數家庭的溫飽、幸福及夢想有關的責任。

當我們感受到自己的責任時，就瞥見了超越自我生命境界的光。

當我們沒有逃避，而是勇於承擔並履行命中注定的責任時，會感受到自己存在的意義；當我們能夠感受到自己的存在帶給無數人希望與幸福時，內心會充滿喜悅與無可言喻的成就感。我們會擁有發自內心深處的自信心，一種純然內發而不須仰賴比較外在條件的自信心，而進入「超越自我」的生命境界。

一個進入超越自我生命境界的人，一個擁有純然發自內心、強烈且穩固的自信心的人，不再需要仰賴外在的掌聲來證明自己，他將成爲一個不再需要掌聲的人。

而當一個人不再需要外在的掌聲，就能夠專注地給予身邊無數的人掌聲。這種難得的人格特質稱爲胸懷，而這樣的人就稱爲領導者。

一個有福分與天賦的人，不必耗盡一生的時間與精力，不必等到功成名就卻心生遺憾，而是從現在這個當下的醒悟，就懂得踏上超越自我的人生正途。他不浪費珍貴的生命在無謂地與人比較上，懂得用感恩的心珍惜無數人對自己的付出與犧牲，能夠洞察自己命中注定的責任，並在履行一個個命定責任的過程中，讓生命的道路一步步開展出來。

至於很多人一輩子努力追求的金錢與地位，其實都只是在超越自我的人生正途上，沿路必然產生的副產品而已。

面對不同的生命階段，學會保持彈性。

我從小練羽球，雖然在關鍵時期爲了學業，放棄成爲職業羽球運動員，但從小累積的羽球實力讓我在進入臺大就讀、參加校隊時，有很大的優勢。

大學時期參加全國大專運動會，因爲我是通過大學聯考進入臺大法律系，因此可以參加乙組比賽，而不是體育資優保送生必須參加的甲組比賽。我以體育資優生的身手，在乙組賽事中横掃全場，贏得很多掌聲與崇拜，在臺大校園羽球圈裡算是風雲人物。

大學畢業成爲律師後，這樣的競爭優勢更爲明顯。律師考試的門檻很高，能夠通過艱難的律師高考，又跟我有同樣羽球實力的人幾乎沒有，所以我在參加律師公會的羽球賽時，很輕鬆地就贏得冠軍。

後來，在兩岸三地律師羽球邀請賽中，當時大學剛畢業、體能與肌力均處於顛峰狀態的我，順利擊敗來自香港、澳門、大陸各地律師公會的代表選手，替臺灣贏回男子單打及男子雙打兩面金牌。

那次的律師羽球賽讓我大出風頭，也讓兩岸三地許多從事羽球運動的律師朋友認識了我。

但隨著我自己的律師事務所成立，事務所業務繁忙，練球的時間就慢慢少了，但我相信自己的身手還在。

隔了幾年，兩岸三地律師羽球賽由澳門律師公會主辦。臺北律師公會負責組隊的是我臺大法律系的學姊，在學姊的熱情邀約下，我同意再次為臺灣出賽。

我自己知道，一個選手雖然手法與手感都在，但最難維持的是體能。不管你曾經付出多少努力鍛鍊，只要三個月沒練，體能都會消失，而想要練回來，那可是難如登天。

所以這次比賽，我放棄男子單打項目，專攻男子雙打。很幸運地，在當年相同搭檔的默契合作下，我們艱苦地再次替臺灣贏回男子雙打的金牌。

然而，大陸的律師朋友跟我說，雖然我還是贏得了金牌，但跟幾年前那個殺球爆發力驚人的年輕許律師，還是有些落差。聽來有點刺耳，但我相信自己還是有實力的。

這次比賽後，我從律師轉型爲作家，雖然人生跑道不同，但繁忙的工作依舊。每天勤奮寫作、到各地巡迴演講，加上兩個寶貝女兒陸續出生，能夠心無旁騖好好打球的時間不是更少了，而是幾乎沒有。

因爲我的年紀還沒到可以參加三十五歲青年組的比賽，所以雖然已經超過三十歲，還是只能陪年輕學弟報名參加青少年組的比賽。但因爲練球時間眞的太少，幾乎沒有時間準備，卻又急著在最短時間內收到特訓的效果，我延續過去選手時期參加大賽前的密集特訓菜單，結果在幾次比賽後，我受傷了……

我得了「拇指外側肌腱炎」，俗稱「媽媽手」。這次受傷，休息、復健足足花了我十一個月的時間，無法上場打球。

一年多後，我慢慢再次握起球拍，回到場上。我覺得自己的身體狀況還可以，所以過不久又開始參賽。結果沒多久，在參加幾場比賽後，我再次受傷了……

這次我得了「肩膀旋轉肌肌腱炎」，休息和復健也足足花了我一整年的時間。

又經過了一年多，我慢慢再次拿起球拍，回到賽場，但這次我稍微謹愼了些，不敢再參加半職業級的賽事。我在老婆的牙醫師公會羽球賽復出，以眷屬的身分出賽。我覺得自己的手法、手感都還可以，而且對象只是牙醫師，並不是過去面對的體育資優生，所以應該還是有優勢的。

到了比賽那天，原本我只報名男子雙打，但因爲有一組混雙的男生臨時有事不能來，就拜託我幫忙下場比賽。我相信自己可以應付。

一開始，如我預期，我的實力還是明顯高出一截。幾場比賽打下來，並沒有遇到很大的抵抗，我的男雙及混雙賽事均順利進入複賽。

進入複賽後，我慢慢感受到自己的體能有些下滑。由於兼打兩個項目，所以幾乎沒有休息的時間，一下場就立刻上場，一整天下來竟然打了十三場比賽（因爲是業餘比賽，採單局二十一分制，而不是職業比賽的三局兩勝制）。雖然我運用經驗與技巧，盡量在最省力的模式下取得勝利，但體能與肌力的消耗還是遠遠超過我的負擔。

到了混雙冠亞軍決賽時，我感覺自己的體能與肌力狀態已經到了極限，但都打到決賽了，不可能在這時候放棄，而且我相信自己可以撐過去的，只要再贏一場就好。

冠軍賽遇到的對手在臺大牙醫系就讀時，跟我一樣都是臺大羽球校隊的選手，手法很好，爆發力強大。我們兩邊的分數一直緊咬著，直到二〇：二〇，最後一分決勝分……

我輸了。最後是二〇：二一，我們一分飲恨。

比賽結束，雙方球員上前握手時，對手很恭敬地稱呼我學長。原來，他還是臺大校隊的菜鳥時，就聽過我的豐功偉業；原來，他足足小了我十一歲……

下場後，我覺得膝蓋怪怪的，雖然不會痛，但就是覺得怪怪的、鬆鬆的。運動員的直覺告訴我，我必須放棄男雙賽事。

回家後，我連忙去找我的復健科醫師。果然，我又受傷了，這次是「膝蓋內側副韌帶撕裂傷」。

這次的傷讓我很困擾。之前幾次受傷都是在上肢，而且我是左手持拍，但其實我平常的慣用手是右手，所以並沒有造成我很大的困擾；但這次受傷的是膝蓋，我無法逃避它帶給我的日常不便，尤其我一年有數十場公開演講……

這次受傷，復健及肌力重建足足花了我一年半的時間。一晃眼，我也三十七歲了。

放下過去的榮耀，面對生命現階段的角色定位

前些日子，臺北律師公會的學姊再次邀約我參加在臺灣舉辦的國際律師羽球邀請賽。學姊說，這次的比賽很重要，因爲是由臺灣舉辦，希望我可以參賽。這讓我陷入了很長的猶豫與沉思。

最後，我婉拒了，把機會與責任交棒給更年輕的律師羽球好手。這個決定讓我釋放了自己的執著，讓我感受到珍貴的自由。

當運動員這麼多年，我一直都明白，沒有不退役的偉大選手。不管曾經擁有再多的豐功偉業，你終究有退役的一天。

只是，我一直不願意承認這個事實。原來，我一直活在過去，而忘了當下，這也是我一再受傷的根源所在。

我的復健醫師告訴我，因爲多年的訓練，所以我有著運動員顚峰時期的身體動作記憶，但因爲年紀增長，加上沒有了運動員時期的長時間訓練，所以肌力與體能跟不上身體的動作記憶。我在場上做出的動作都超過了身體負荷，自己卻不知道，一點一滴累積下來，就會變成慢性發炎而受傷。

天下沒有白吃的午餐，既無法撥出足夠的時間練球，也無法付出比年輕時更多的心血鍛鍊肌力（年紀越大，肌力鍛鍊越困難），卻又想要在球場上維持高檔球速、想要贏得比賽，這是一種很根本的錯誤心態。

過去贏得的榮耀，很好，卻也很容易成為偶像包袱，讓我們自以為能夠永遠像過去一樣受人重視、受人崇拜，這是一種錯誤的幻覺。

原本我以為自己之所以會猶豫是否要參賽，是因為怕輸，但是當我更深入自己的內心時，我找到了更深層的原因：是貪心，是一種想要不勞而獲的貪心念頭。

雖然已經傷癒，也接受肌力訓練一段時間，但我明明知道自己根本沒有好好練球，卻只想用過去的老本贏得比賽，而之前幾次用這種模式贏得的勝利，更餵養了僥倖心態。

這樣的模式終究有其極限，老本終究會用完，如果沒有放下貪心的執著、沒有改正僥倖的心態、沒有看破錯誤的幻覺，災難就會一再發生。這就是我持續受傷的根本原因。

如果我們總是沒有認清事實，別擔心，老天會一再一再給我們磨難，直到我們真的深切體悟了、學到教訓了。

生命是一個持續前進的過程，不同的生命階段自然會有不同的身分、責任與使命。表面上，我好像放棄了這次比賽，但實際上，是我務實面對了自己生命現階段的角色與定位。我看清了當下最重要、最應該做的事情是什麼。

現在的我，不再將注意力集中在贏得羽球競技比賽，不再計較球場上的勝敗，而是能夠放輕鬆，好好地運動流汗、好好地關注球場上與人互動交流的緣分，並將自己在過去的運動員生涯中得到的生命體悟，轉化用在寫作與演講上，去幫助、去影響更多的人。至於羽球賽，我就輕鬆自在地坐在觀眾席，好好幫年輕後輩加油，把舞臺給他們，把掌聲給他們。

我不再活在虛幻的過往掌聲與榮耀之中，走出貪心、僥倖念頭的迷霧，再一次走回自己命中注定的道路上。

面對自己的生命，要保持彈性，過去的已經過去了，不要一直盯著過往、緬懷過往。在還可以放手的時候放手，珍惜、運用當下所擁有的，靈活調整自己的心，在不同生命階段的角色上盡心、盡力、盡分就好。**專注做好當下最重要、最應該做的事情，是智慧、是力量，更是自由**。

激發讓生命產生正向改變的力量。

很多讀者寫信給我，提到在仔細閱讀我的文字後，會有一種很奇妙的感受，一種說不出口的體悟。

這種狀況，也在我的許多演講場合中發生。演講結束後，雖然主辦單位會保留我與聽眾問答的時間，但很多聽眾往往會覺得暫時說不出話來。

爲什麼呢？

其實，這是一件好事，因爲此刻的靜默是一種低盪迴響的生命觸動，是彼此內心產生連結的時刻，無法言語，卻非常眞實。

過去閱讀完一篇勵志文章或聽完一場激勵性質的演講後，我們內心會大受感動與振奮，會想要立刻採取行動去改變人生，但往往過沒幾天，我們又回復原狀，難以爲繼，然後就要繼續找激勵文章或演講，再受點刺激，再推動個幾天。但很快地，我們就再次回到原點，又什麼都做不到了……

我們會陷入激勵的循環，但口味也會越來越重，常常覺得搔不到癢處，需要更大的刺激，才能推動我們的行爲。

我常形容這就像嗎啡一樣，我們的毒癮越來越大，生命卻沒有產生根本的、本質的正向改變。

無論外來的刺激再大，只要沒有眞正觸及超越邏輯與念頭層次的內心，都是一時的、短暫的。只有觸動內心最深處那初始的生命驅動力量，才能產生如同活水般源源不絕流動的正向心念，一瞬間接著一瞬間地推動我們，最終形成不可思議、深遠的生命轉化。

記得有一次，我到雲南麗江旅遊，見到當地的聖山——玉龍雪山，那一瞬間，我突然說不出話來，那種美麗與壯觀，已經不是文字可以形容。那種說不出口的震撼與感動深深觸動了我的心，我甚至可以感受到自己與它是合爲一體的。

當我們能夠放下對物質世界的執著，放下內心無數的雜念，就只是單純地看著、默默地感受著大山大水時，內心會有一種回家的感受。

這種超越言語的感動，不需要任何包裝、修飾，是我們內心本然狀態的自然展現。而我們之所以能夠跟大自然產生感應，是因爲人本來就是大自然的一部分。

找回身而為人的自然狀態

我現在的演講風格不是希望透過一場演講來行銷自己，或者讓聽眾覺得許峰源很厲害，我甚至並不期待聽眾被激勵或被感動。我只是很純粹地分享內心深處眞正想跟聽眾分享的生命體悟，毫不保留，也毫不加油添醋，一字一句都用樸實無華的方式自然呈現，到達極致後，就展現了眞實的力量。

這些眞實的生命體悟之所以能觸動無數人，不是因爲它們很有用，或者說得很有道理，而是因爲這些體悟源自我們每個人內心都有的、具備向善驅動力量的太陽。

這是身而爲人的我們都有的，是人活著最自然的狀態，跟充滿眞誠力量的孩子一樣。

一個還不會說話的孩子不需要透過言語與旁人溝通，就能毫無防備地感受到被愛，也能毫無掩飾地愛人，這是一個人活著最自然的狀態。

講深一些，這也是我們窮極一生最想擁有的平凡簡單的幸福快樂。

我們努力了一輩子，只是為了回家，回到身而為人的自然狀態，也就是**擁有被愛與愛人的能力，擁有與人產生正向連結的能力**。

人一輩子到頭來，真正的成就是到底有多少人真心愛你，而你又真心愛多少人。

我認為真正的智慧，不是幫助我們賺到很多錢，或者贏得很高的地位，而是能夠與內心深處的太陽互相感應，引領我們回到善良的本然狀態，得以感受到被愛與愛人、平凡簡單的幸福快樂。

當我們隨著生命的緣分經歷某種境遇，或許透過書本的文字、現場的演講、親身經歷的事件，使內心的太陽被觸動時，我們會有瞬間說不出話的感受。而這個超越言語、低盪迴響的靜默時刻，是我們轉化生命境界的關鍵時刻，也就是所謂的「悟」。

不用急著去解釋、去說明，不需要急著讓它落入頭腦的思維邏輯限制裡，試著讓自己靜靜地深呼吸，專注於那靜默無語卻滿溢力量的感受，它會引領我們找到最初始的生命驅動力量，讓我們徹底明白，這輩子眞正應該追求的到底是什麼？我們應該爲何而戰？我們應該如何好好活著？

真正持久的激勵，來自自己的心

我永遠記得我第一次將虎妞抱入懷中的感動。

我記得小時候母親半夜熬白粥加肉鬆餵我的幸福。

我記得父親爲了養育我，脖子掛著濕透的毛巾，在夏日的豔陽下，雙腳奮力踩著臭豆腐三輪車的身影。

我記得父母得知我考上臺大時，臉上驕傲的笑容。

我記得無數讀者親口告訴我，我的文字及演講深深影響了他們，改變了他們的命運。

每當想起這些時刻，我都無法言語，但我的心知道，自己應該爲何而戰。我知道自己應該再度奮起，繼續努力走在我命中注定的人生道路上。

在現今知識氾濫的洪流中，我們總是急著知道些什麼，努力記下無窮無盡的知識，但這一切都只能在頭腦思維邏輯的限制下運轉。而在頭腦高速運轉的過程中，很多人失去了對自己內心的感知力、感受力，失去了與自我生命的連結，跟自己的心斷了線。

試著不透過思考、不用言語、不用邏輯，去感受一件事。我們會慢慢安靜下來，頭腦裡那些不斷想要解釋、分析、評論的念頭，才能逐漸沉澱。我們會慢慢看到原本看不見的東西、聽到原本聽不見的聲音、體悟到原本無法體悟的智慧。

只有在那些無法言語、低盪迴響的靜默時刻，我們才能真正感受到自己的心，也才能碰觸到超越頭腦思維的內心向善力量的太陽。它指引我們去做心裡覺得應該做的事，並因此與無數人產生正向的生命連結，然後進一步激發我們內心深處被愛與愛人的潛能。

這樣的潛能是最初始的生命驅動力量，是每個人都擁有的。只要這種生命驅動力量的潛能被徹底激發後，我們就不再需要膚淺的激勵了。我們會自動、持續、充滿力量地走在命定的道路上，內心太陽將會綻放無限光明的力量，照破無數人生命的黑暗。

Eurasian Publishing Group
圓神出版事業機構
用心與你對話．縱舒無限寬廣
方智出版社
Fine Press

www.booklife.com.tw reader@mail.eurasian.com.tw

自信人生 159

內心的太陽一直都在

作　　者／許峰源
發 行 人／簡志忠
出 版 者／方智出版社股份有限公司
地　　址／台北市南京東路四段50號6樓之1
電　　話／（02）2579-6600．2579-8800．2570-3939
傳　　真／（02）2579-0338．2577-3220．2570-3636
總 編 輯／陳秋月
副總編輯／賴良珠
主　　編／黃淑雲
責任編輯／黃淑雲
校　　對／黃淑雲．胡靜佳
美術編輯／李家宜
行銷企畫／詹怡慧．王莉莉
印務統籌／劉鳳剛．高榮祥
監　　印／高榮祥
排　　版／陳采淇
經 銷 商／叩應股份有限公司
郵撥帳號／18707239
法律顧問／圓神出版事業機構法律顧問　蕭雄淋律師
印　　刷／祥峰印刷廠
2019年11月　初版
2024年5月　11刷

定價260元　ISBN 978-986-175-539-7

最終定義我們一生的，不只是我們順境中的成就，
還包含我們「在逆境中的姿態」。

——《做一個簡單的好人》

國家圖書館出版品預行編目資料

內心的太陽一直都在／許峰源著. -- 初版. -- 臺北市：方智，2019.11
224面；14.8×20.8公分. --（自信人生；159）

ISBN 978-986-175-539-7（平裝）

1.成功法 2.自我實現

177.2　　108015753